Deutsche Strafgesetze.

Uebersichtliche Zusammenstellung

der sämmtlichen neben dem Strafgesetzbuch

geltenden

Strafbestimmungen anderer Gesetze

und

Verordnungen des Deutschen Reiches

von

Dr. Th. Schrader

in Hamburg.

Berlin, 1876.

Verlag von J. Guttentag (D. Collin).

Inhaltsverzeichniß.

Abkürzungen.

Abs. = Absatz.
B.G.Bl. = Bundesgesetzblatt.
G.O. = Gewerbeordnung für den Norddeutschen Bund.
H.G.B. = Allgemeines Deutsches Handelsgesetzbuch.
R.G.Bl. = Reichsgesetzblatt.
S.O. = Seemannsordnung.
St.G.B. = Strafgesetzbuch für das Deutsche Reich.

Wo neben einer Jahreszahl einfach eine Seitenzahl (S. . . .) angeführt ist, ist stets die betreffende Seite des entsprechenden Jahrganges des Bundes- resp. Reichsgesetzblattes gemeint.

I.

Gewerbepolizei, Presse, Vereinswesen.

1. Gewerbeordnung für den norddeutschen Bund.[1])

Vom 21. Juni 1869.

(B.G.Bl. S. 245.)

Gesetz, betreffend . . . die Abänderung einiger Strafbestimmungen der Gewerbeordnung.[2])

Vom 12. Juni 1872.

(R.G.Bl. S. 170.)

A. Vergehen.

§ 146. Zuwiderhandlungen gegen die §§ 134 bis 136[3]) werden mit einer Geldstrafe bis zu 1500 Mark gestraft. Kann die Geldstrafe nicht beigetrieben werden, so ist der Höchstbetrag der an Stelle

[1]) Die Gewerbeordnung ist als Reichsgesetz eingeführt in Hessen südlich des Main: 1870 (S. 649), in Baden und Würtemberg, 1871 (S. 392), in Bayern: 1872 (S. 170).

[2]) Durch dieses Gesetz sind die Strafbestimmungen der Gewerbeordnung mit dem Strafgesetzbuch in Einklang gebracht. Hier ist überall der revidirte Text abgedruckt.

[3]) Durch die §§ 134—136 soll das sog. Trucksystem, die Ausbeutung der Fabrikarbeiter durch Zahlung der Löhne in Naturalien, verhindert werden:

§ 134. Fabrikinhaber, sowie alle diejenigen, welche mit Ganz- oder Halbfabrikanten Handel treiben, sind verpflichtet, die Löhne der Arbeiter, welche mit Anfertigung der Fabrikate für sie beschäftigt sind, in baarem Gelde auszuzahlen.

Sie dürfen denselben keine Waaren kreditiren.

Dagegen können den Arbeitern Wohnung, Feuerungsbedarf, Landnutzung, regelmäßige Beköstigung, Arzneien und ärztliche Hülfe, sowie Werkzeuge und Stoffe zu den von ihnen anzufertigenden Fabrikaten unter Anrechnung bei der Lohnzahlung verabreicht werden.

§ 125. Die Bestimmungen des § 134 finden auch Anwendung auf

derselben tretenden Freiheitsstrafe Gefängniß von sechs Monaten. Im Wiederholungsfalle wird die Strafe verdoppelt.

Die Geldstrafen fließen derjenigen Kasse zu, welcher die im § 139[4]) erwähnten Forderungen nach den dort ertheilten Vorschriften zufallen.

Jede rechtskräftige Verurtheilung wird auf Kosten des Verurtheilten durch das amtliche Organ der höheren Verwaltungsbehörde des Bezirks und andere öffentliche Blätter derjenigen Kreise, in welchen derselbe und der betheiligte Arbeiter ihren Wohnsitz haben, bekannt gemacht.[5])

§ 153. Wer Andere durch Anwendung körperlichen Zwanges, durch Drohungen, durch Ehrverletzung oder durch Verrufserklärung bestimmt oder zu bestimmen versucht, an solchen Verabredungen (§ 152)[6]) Theil zu nehmen oder ihnen Folge zu leisten, oder Andere durch gleiche

---

Familienglieder, Gehülfen, Beauftragte, Geschäftsführer, Aufseher und Faktoren der dort bezeichneten Arbeitgeber, sowie auf Gewerbetreibende, bei deren Geschäft eine der hier erwähnten Personen unmittelbar oder mittelbar betheiligt ist.

§ 136. Unter Arbeitern (§ 134) werden hier auch Diejenigen verstanden, welche außerhalb der Fabrikstätten für Fabrikinhaber oder für die ihnen gleichgestellten Personen, die zu deren Gewerbebetriebe nöthigen Ganz- oder Halbfabrikate anfertigen, oder solche an sie absetzen, ohne aus dem Verkaufe dieser Waaren an Konsumenten ein Gewerbe zu machen.

[4]) § 139 Abs. 2. Dagegen fallen dergleichen Forderungen der Kranken-, Sterbe-, Spar- oder ähnlichen Hülfskasse zu, welche in der Wohnorts-Gemeinde des betheiligten Arbeiters für diejenige Klasse von Arbeitern besteht, zu welcher er gehört. Sind mehrere solcher Kassen vorhanden, so fällt die Forderung allen zu gleichen Theilen zu, in Ermangelung derartiger Anstalten aber der Orts-Armenkasse.

[5]) Nach § 145 Abs. 2 (Fassung des Gesetzes vom 12. Juni 1872) verjährt das Vergehen aus § 146 in drei Monaten, im Widerspruch mit § 67 des St.G.B.:

§ 145. Für das Mindestmaß der Strafen, das Verhältniß von Geldstrafe zu Freiheitsstrafe, sowie für die Verjährung des im § 153 verzeichneten Vergehens, sind die Bestimmungen des Strafgesetzbuches für das deutsche Reich maßgebend.

Die übrigen in diesem Titel mit Strafe bedrohten Handlungen verjähren binnen drei Monaten, von dem Tage an gerechnet, an welchem sie begangen sind.

[6]) Der § 152 erklärt alle Verabredungen sowohl der Arbeitgeber, als der Arbeitnehmer „zum Behufe der Erlangung günstiger Lohn- und Arbeitsbedingungen, insbesondere mittelst Einstellung der Arbeit oder Entlassung der Arbeiter“ für unverbindlich.

Der § 153 der G.O. ist in weiteren Grenzen anwendbar, als der § 240 des Str.G.B., welcher letztere nur die Nöthigung durch „Gewalt“

Mittel hindert oder zu hindern versucht, von solchen Verabredungen zurückzutreten, wird mit Gefängniß bis zu drei Monaten bestraft, sofern nach dem Allgemeinen Strafgesetz nicht eine härtere Strafe eintritt.

B. Uebertretungen.

§ 147. Mit Geldstrafe bis zu 300 Mark und im Unvermögensfalle mit Haft wird bestraft:

1) wer den selbstständigen Betrieb eines stehenden Gewerbes, zu dessen Beginne eine besondere polizeiliche Genehmigung (Konzession, Approbation, Bestallung)[7]) erforderlich ist, ohne die vorschriftsmäßige Genehmigung unternimmt oder fortsetzt oder von den in der Genehmigung festgesetzten Bedingungen abweicht;

---

oder durch „Bedrohung mit einem Verbrechen oder Vergehen" mit Strafe bedroht. Die im § 153 der G.O. bestimmte Strafe ist dagegen auch bei der Bedrohung mit einer Uebertretung oder mit einer an sich straflosen Handlung und bei der Nöthigung durch Ehrverletzung oder Verrufserklärung anwendbar. Für die Verjährung des Vergehens aus § 153 kommen die Bestimmungen des St.G.B. in Anwendung (§ 145 Abs. 1 der G.O. — Der Wortlaut findet sich in der Anm. zu § 146 a. E.)

[7]) § 29. Einer Approbation, welche auf Grund eines Nachweises der Befähigung ertheilt wird, bedürfen Apotheker und diejenigen Personen, welche sich als Aerzte, (Wundärzte, Augenärzte, Geburtshelfer, Zahnärzte und Thierärzte) oder mit gleichbedeutenden Titeln bezeichnen oder Seitens des Staats oder einer Gemeinde als solche anerkannt oder mit amtlichen Funktionen betraut werden sollen. Es darf die Approbation jedoch von der vorherigen Doktorpromotion nicht abhängig gemacht werden.

Der Bundesrath bezeichnet, mit Rücksicht auf das vorhandene Bedürfniß, in verschiedenen Theilen des Bundesgebietes die Behörden, welche für das ganze Bundesgebiet gültige Approbationen zu ertheilen befugt sind und erläßt die Vorschriften über den Nachweis der Befähigung. Die Namen der Approbirten werden von der Behörde, welche die Approbation ertheilt, in den vom Bundesrathe zu bestimmenden amtlichen Blättern veröffentlicht.

Personen, welche eine solche Approbation erlangt haben, sind innerhalb des Bundesgebietes in der Wahl des Orts, wo sie ihr Gewerbe betreiben wollen, vorbehaltlich der Bestimmungen über die Errichtung und Verlegung von Apotheken (§ 6), nicht beschränkt.

Dem Bundesrath bleibt vorbehalten, zu bestimmen, unter welchen Voraussetzungen Personen wegen wissenschaftlich erprobter Leistungen von der vorgeschriebenen Prüfung ausnahmsweise zu entbinden sind.

Personen, welche vor Verkündigung dieses Gesetzes in einem Bundes-

2) wer eine gewerbliche Anlage,[8]) zu der mit Rücksicht auf die Lage oder Beschaffenheit der Betriebsstätte oder des Lokals eine besondere Genehmigung erforderlich ist (§§ 16. und 24), ohne diese Genehmigung errichtet oder die wesentlichen Bedin-

---

staate die Berechtigung zum Gewerbebetrieb als Aerzte, Wundärzte, Zahnärzte, Geburtshelfer, Apotheker oder Thierärzte bereits erlangt haben, gelten als für das ganze Bundesgebiet approbirt.

[Nach feststehender Praxis wird der Betrieb des ärztlichen Gewerbes ohne Approbation nicht auf Grund des § 147, 1 bestraft, da eine Approbation nur für diejenigen erforderlich ist, welche sich als Aerzte 2c. bezeichnen. (Man vergl. § 147, 3).]

§ 30. Unternehmer von Privat-Kranken-, Privat-Entbindungs- und Privat-Irrenanstalten bedürfen einer Konzession der höheren Verwaltungsbehörde, welche ertheilt wird, wenn nicht Thatsachen vorliegen, welche die Unzuverlässigkeit des Nachsuchenden in Beziehung auf den beabsichtigten Gewerbebetrieb darthun.

Hebammen bedürfen eines Prüfungs-Zeugnisses der nach den Landesgesetzen zuständigen Behörde.

§ 31. Seeschiffer, Seesteuerleute und Lootsen müssen sich über den Besitz der erforderlichen Kenntnisse durch ein Befähigungszeugniß der zuständigen Verwaltungsbehörde ausweisen.

Der Bundesrath erläßt die Vorschriften über den Nachweis der Befähigung. Die auf Grund dieses Nachweises ertheilten Zeugnisse gelten für das ganze Bundesgebiet, bei Lootsen für das im Zeugniß angeführte Fahrwasser.

So weit in Betreff der Schiffer und Lootsen auf Strömen in Folge von Staatsverträgen besondere Anordnungen getroffen sind, behält es dabei sein Bewenden.

§ 32. Schauspiel-Unternehmer bedürfen zum Betriebe ihres Gewerbes der Erlaubniß. Dieselbe ist ihnen zu ertheilen, wenn nicht Thatsachen vorliegen, welche die Unzuverlässigkeit des Nachsuchenden in Bezug auf den beabsichtigten Gewerbebetrieb darthun.

Beschränkungen auf bestimmte Kategorien theatralischer Darstellungen sind unzulässig.

§ 33. Wer Gastwirthschaft, Schankwirthschaft oder Kleinhandel mit Branntwein oder Spiritus betreiben will, bedarf dazu der Erlaubniß.

Diese Erlaubniß ist nur dann zu versagen:

1) wenn gegen den Nachsuchenden Thatsachen vorliegen, welche die Annahme rechtfertigen, daß er das Gewerbe zur Förderung der Völlerei, des verbotenen Spiels, der Hehlerei oder der Unsittlichkeit mißbrauchen werde;
2) wenn das zum Betriebe des Gewerbes bestimmte Lokal wegen seiner Beschaffenheit oder Lage den polizeilichen Anforderungen nicht genügt.

Es können jedoch die Landesregierungen, soweit die Landesgesetze nicht entgegenstehen, die Erlaubniß zum Ausschänken von Branntwein

gungen, unter welchen die Genehmigung ertheilt worden, nicht innehält oder ohne neue Genehmigung eine wesentliche Veränderung der Betriebsstätte oder eine Verlegung des Lokals oder

---

und den Kleinhandel mit Branntwein und Spiritus auch von dem Nachweis eines vorhandenen Bedürfnisses abhängig machen.

[Für Bayern geändert: Die Gast- und Schankwirthschaft, der Kleinhandel mit geistigen Getränken und der Ausschank der selbst erzeugten Getränke ist dort, soweit dies früher der Fall war, auch ferner von polizeilicher Erlaubniß nicht abhängig. Ges. betr. die Einführung der Gewerbe Ordnung u. s. w. v. 12. Juni 1872 § 1 R.G.B. 170].

§ 34. Die Landesgesetze können vorschreiben, daß zum Handel mit Giften und zum Betriebe des Lootsengewerbes besondere Genehmigung erforderlich ist, ingleichen daß das Gewerbe der Markscheider nur von Personen betrieben werden darf, welche als solche geprüft und konzessionirt sind.

§ 40. Die in den §§ 29 bis 34 erwähnten Approbationen und Genehmigungen dürfen weder auf Zeit ertheilt, noch, vorbehaltlich der Bestimmungen in den §§ 53 und 143, widerrufen werden.

Gegen Versagung der Genehmigung zum Betriebe eines der in den §§ 30. 32. 33. und 34, sowie gegen Untersagung des Betriebes der in den §§ 35 und 37 erwähnten Gewerbe ist der Rekurs zulässig. Wegen des Verfahrens und der Behörden gelten die Vorschriften der §§ 20 und 21.

[8]) § 16. Zur Errichtung von Anlagen, welche durch die örtliche Lage oder die Beschaffenheit der Betriebsstätte für die Besitzer oder Bewohner der benachbarten Grundstücke oder für das Publikum überhaupt erhebliche Nachtheile, Gefahren oder Belästigungen herbeiführen können, ist die Genehmigung der nach den Landesgesetzen zuständigen Behörde erforderlich.

Es gehören dahin:

Schießpulverfabriken, Anlagen zur Feuerwerkerei und zur Bereitung von Zündstoffen aller Art, Gasbereitungs- und Gasbewahrungs-Anstalten, Anstalten zur Destillation von Erdöl, Anstalten zur Bereitung von Braunkohlentheer, Steinkohlentheer und Koaks, sofern sie außerhalb der Gewinnungsorte des Materials errichtet werden, Glas- und Rußhütten, Kalk-, Ziegel- und Gypsöfen, Anlagen zur Gewinnung roher Metalle, Röstöfen, Metallgießereien, sofern sie nicht bloße Tiegelgießereien sind, Hammerwerke, chemische Fabriken aller Art, Schnellbleichen, Firnißsiedereien, Stärkefabriken, mit Ausnahme der Fabriken zur Bereitung von Kartoffelstärke, Stärke-Syrupsfabriken, Wachstuch-, Darmsaiten-, Dachpappen- und Dachfilzfabriken, Leim-, Thran- und Seifensiedereien, Knochenbrennereien, Knochendarren, Knochenkochereien und Knochenbleichen, Zubereitungsanstalten für Thierhaare, Talgschmelzen, Schlächtereien, Gerbereien, Abdeckereien, Poudretten- und Düngpulver-Fabriken, Stauanlagen für Wassertriebwerke (§ 23).

Das vorstehende Verzeichniß kann, je nach Eintritt oder Wegfall der im Eingang gedachten Voraussetzung, durch Beschluß des Bundes-

eine wesentliche Veränderung in dem Betriebe der Anlage vornimmt;

---

rathes, vorbehaltlich der Genehmigung des nächstfolgenden Reichstages, abgeändert werden.

[Der Schlußsatz des § 16 ist zur Anwendung gekommen durch die vom Bundesrath, vorbehältlich der Genehmigung des nächstfolgenden Reichstages, erlassene Bekanntmachung vom 20. Juli 1873 (S. 299). Diese Bekanntmachung ist vom Reichstag genehmigt und erweitert und als „Gesetz, betreffend die einer besonderen Genehmigung bedürfenden, gewerblichen Anlagen“ (2. März 1874 — Seite 19) in folgender Form publicirt worden:

Dem Verzeichniß der einer besonderen Genehmigung bedürfenden Anlagen im § 16 der Gewerbeordnung vom 21. Juni 1869 sind hinzuzufügen: Hopfen- und Schwefeldörren, Asphaltkochereien und Pechsiedereien, soweit sie außerhalb der Gewinnungsorte des Materials errichtet werden, Strohpapierstoff-Fabriken, Darmzubereitungs-Anstalten, Fabriken, in welchen Dampfkessel oder andere Blechgefäße durch Vernieten hergestellt werden.]

§ 24. Zur Anlegung von Dampfkesseln, dieselben mögen zum Maschinenbetriebe bestimmt sein oder nicht, ist die Genehmigung der nach den Landesgesetzen zuständigen Behörde erforderlich. Dem Gesuche sind die zur Erläuterung erforderlichen Zeichnungen und Beschreibungen beizufügen.

Die Behörde hat die Zulässigkeit der Anlage nach den bestehenden bau-, feuer- und gesundheitspolizeilichen Vorschriften, sowie nach denjenigen allgemeinen polizeilichen Bestimmungen zu prüfen, welche von dem Bundesrathe über die Anlegung von Dampfkesseln erlassen werden. Sie hat nach dem Befunde die Genehmigung entweder zu versagen, oder unbedingt zu ertheilen, oder endlich bei Ertheilung derselben die erforderlichen Vorkehrungen und Einrichtungen vorzuschreiben.

Bis zum Erlaß allgemeiner Bestimmungen durch den Bundesrath kommen die in den einzelnen Bundesstaaten bestehenden Vorschriften zur Anwendung.

Bevor der Kessel in Betrieb genommen wird, ist zu untersuchen, ob die Ausführung den Bestimmungen der ertheilten Genehmigung entspricht. Wer vor dem Empfange der hierüber auszufertigenden Bescheinigung den Betrieb beginnt, hat die § 147. angedrohte Strafe verwirkt.

Die vorstehenden Bestimmungen gelten auch für bewegliche Dampfkessel.

Für den Rekurs und das Verfahren über denselben gelten die Vorschriften der §§ 20 und 21.

[Auf Grund des § 24 hat der Bundesrath die „Bekanntmachung, betreffend allgemeine polizeiliche Bestimmungen über die Anlegung von Dampfkesseln“ (1871. Mai 29. — S. 122) erlassen.]

§ 25. Die Genehmigung zu einer der in den §§ 16. und 24. bezeichneten Anlagen bleibt so lange in Kraft, als keine Aenderung in der Lage oder Beschaffenheit der Betriebsstätte vorgenommen wird,

3) Wer, ohne hierzu approbirt[9]) zu sein, sich als Arzt (Wundarzt, Augenarzt, Geburtshelfer, Zahnarzt, Thierarzt) bezeichnet oder sich einen ähnlichen Titel beilegt, durch den der Glauben erweckt wird, der Inhaber desselben sei eine geprüfte Medizinalperson.

Enthält die Handlung zugleich eine Zuwiderhandlung gegen die Steuergesetze[10]), so soll nicht außerdem noch auf eine Steuerstrafe erkannt werden, es ist aber darauf bei Zumessung der Strafe Rücksicht zu nehmen.

In dem Falle zu 2. kann die Polizeibehörde die Wegschaffung der Anlage oder die Herstellung des den Bedingungen entsprechenden Zustandes derselben anordnen.

§ 148. Mit Geldstrafe bis zu 150 Mark und im Falle des Unvermögens mit Haft bis zu vier Wochen wird bestraft:

1) wer außer den im § 147 vorgesehenen Fällen ein stehendes Gewerbe beginnt, ohne dasselbe vorschriftsmäßig anzuzeigen[11]);

2) wer die im § 14 erforderte An- oder Abmeldung einer übernommenen Feuerversicherungs-Agentur unterläßt[12]);

---

und bedarf unter dieser Voraussetzung auch dann, wenn die Anlage an einen neuen Erwerber übergeht, einer Erneuerung nicht. Sobald aber eine Veränderung der Betriebsstätte vorgenommen wird, ist dazu die Genehmigung der zuständigen Behörde nach Maßgabe der §§ 17 bis 23. einschließlich, beziehungsweise des § 24. nothwendig. Eine gleiche Genehmigung ist erforderlich bei wesentlichen Veränderungen in dem Betriebe einer der im § 16. genannten Anlage. Die zuständige Behörde kann jedoch auf Antrag des Unternehmers von der Bekanntmachung (§ 17) Abstand nehmen, wenn sie die Ueberzeugung gewinnt, daß die beabsichtigte Veränderung für den Besitzer oder Bewohner benachbarter Grundstücke oder das Publikum überhaupt neue oder größere Nachtheile, Gefahren oder Belästigungen, als mit der vorhandenen Anlage verbunden sind, nicht herbeiführen werde.

Diese Bestimmungen finden auch auf gewerbliche Anlagen (§§ 16 und 24.) Anwendung, welche bereits vor Erlaß dieses Gesetzes bestanden haben.

[9]) vergl. Anm. 7, § 29.

[10]) vergl. dagegen § 148 a. E.

[11]) § 14 Abs. 1: Wer den selbstständigen Betrieb eines stehenden Gewerbes anfängt, muß der für den Ort, wo solches geschieht, nach den Landesgesetzen zuständigen Behörde gleichzeitig Anzeige davon machen. Diese Anzeige liegt auch demjenigen ob, welcher zum Betriebe eines Gewerbes im Umherziehen befugt ist.

[12]) § 14 Abs. 2: Außerdem hat, wer Versicherungen für eine Mobiliar- oder Immobiliar-Feuerversicherungs-Anstalt als Agent

3) wer die im § 14 erforderten Anzeigen über das Betriebslokal unterläßt[13]);

4) wer der nach § 35 gegen ihn ergangenen Untersagung eines Gewerbebetriebes zuwiderhandelt, oder die im § 35 vorgeschriebene Anzeige unterläßt[14]);

5) wer dem § 43 zuwiderhandelt[15]);

6) wer bei dem Aufsuchen von Waarenbestellungen den Vorschriften im § 44 zuwiderhandelt[16]);

---

oder Unteragent vermitteln will, bei Uebernahme der Agentur, und derjenige, welcher dieses Geschäft wieder aufgiebt, oder welchem die Versicherungsanstalt den Auftrag wieder entzieht, innerhalb der nächsten acht Tage der zuständigen Behörde seines Wohnortes davon Anzeige zu machen.

[13]) § 14. Abs. 2. a. E.: Buch- und Steindrucker, Buch- und Kunsthändler, Antiquare, Leihbibliothekare, Inhaber von Lesekabinetten, Verkäufer von Druckschriften, Zeitungen und Bildern haben bei der Eröffnung ihres Gewerbebetriebes das Lokal desselben, sowie jeden späteren Wechsel des letzteren spätestens am Tage seines Eintritts der zuständigen Behörde ihres Wohnorts anzuzeigen.

[14]) § 35. Die Ertheilung von Tanz-, Turn- und Schwimm-Unterricht als Gewerbe darf denjenigen untersagt werden, welche wegen Vergehen oder Verbrechen gegen die Sittlichkeit bestraft sind.

Der Handel mit gebrauchten Kleidern, gebrauchten Betten oder gebrauchter Wäsche, der Kleinhandel mit altem Metallgeräth oder Metallbruch (Trödel), oder mit Garnabfällen oder Dräumen von Seide, Wolle, Baumwolle oder Leinen, ferner das Geschäft eines Pfandleihers kann demjenigen untersagt werden, welcher wegen aus Gewinnsucht begangener Vergehen oder Verbrechen gegen das Eigenthum bestraft worden ist.

Das Geschäft eines Gesinde-Vermiethers kann demjenigen untersagt werden, welcher wegen aus Gewinnsucht begangener Vergehen oder Verbrechen gegen die Sittlichkeit bestraft worden ist.

Personen, welche die in diesem Paragraphen bezeichneten Gewerbe beginnen, haben bei Eröffnung ihres Gewerbebetriebes der zuständigen Behörde hiervon Anzeige zu machen.

[15]) s. die Anmerkung 1) zu dem Gesetz über die Presse (S. 15).

[16]) § 44. Kaufleute, Fabrikanten und andere Personen, welche ein stehendes Gewerbe betreiben, sind befugt außerhalb des Orts ihrer gewerblichen Niederlassung persönlich oder durch in ihren Diensten stehende Reisende Waaren aufzukaufen und Bestellungen auf Waaren zu suchen. Sie bedürfen dazu eines Legitimationsscheins, welcher von der unteren Verwaltungsbehörde ausgestellt wird und für das Kalenderjahr gilt. Dieses Legitimationsscheins bedarf es nicht, wenn die betreffenden Gewerbetreibenden durch die nach den Zollvereinsverträgen erforderliche

7) wer ein Gewerbe im Umherziehen ohne Legitimationsschein betreibt[17]);

8) wer bei dem Betriebe seines Gewerbes die von der Obrigkeit vorgeschriebenen oder genehmigten Taxen überschreitet[18]);

9) wer als Lehrherr seine Pflichten gegen die ihm anvertrauten Lehrlinge gröblich vernachlässigt[19]);

Gewerbe-Legitimationskarte bereits für das Gesammtgebiet des Zollvereins legitimirt sind.

Der Inhaber eines solchen Legitimationsscheins darf aufgekaufte Waaren nur behufs deren Beförderung nach dem Bestimmungsorte und von den Waaren, auf welche er Bestellungen sucht, nur Proben oder Muster mit sich führen.

[17]) § 55. Wer außerhalb seines Wohnorts ohne Begründung einer gewerblichen Niederlassung und ohne vorgängige Bestellung, in eigener Person:

1) Waaren irgend einer Art feilbieten,
2) Waaren irgend einer Art bei anderen Personen, als bei Kaufleuten oder an anderen Orten, als in offenen Verkaufsstellen zum Wiederverkauf ankaufen,
3) Waarenbestellungen aufsuchen, oder
4) gewerbliche oder künstlerische Leistungen oder Schaustellungen, bei welchen ein höheres wissenschaftliches oder Kunst-Interesse nicht obwaltet, feilbieten will,

bedarf vorbehaltlich der in den §§ 44 und 64 getroffenen Bestimmungen, eines Legitimationsscheins.

Ein Legitimationsschein ist nicht erforderlich zum Verkauf oder Ankauf roher Erzeugnisse der Land- und Forstwirthschaft, des Garten- und Obstbaues.

[§ 44: s. Anm. 14. — § 64 betrifft den Marktverkehr. — Wenn ein Hausirer einen ihm ertheilten Schein nicht mit sich führt, oder einem Andern überläßt, kommt der § 149, 2 zur Anwendung.]

[18]) Soweit nicht ein Anderes in den §§ 72 bis 80 angeordnet worden, sollen polizeiliche Taxen nicht vorgeschrieben werden. Taxen können festgesetzt werden unter gewissen Beschränkungen für Bäcker (§ 73), Gastwirthe (§ 75), Lohndiener und Lohnfuhrwerk (§ 76), Schornsteinfeger (§ 77), beeidigte Feldmesser, Auctionatoren (§ 78), Apotheker, Aerzte (§ 80).

[19]) § 106. Die nach den Landesgesetzen zuständige Behörde hat darauf zu achten, daß bei Beschäftigung der Lehrlinge gebührende Rücksicht auf Gesundheit und Sittlichkeit genommen und denjenigen Lehrlingen, welche des Schul- und Religions-Unterrichts noch bedürfen, Zeit dazu gelassen werde.

Durch Ortsstatut (§ 142) können Gesellen, Gehülfen und Lehrlinge, sofern sie das achtzehnte Lebensjahr nicht überschritten haben, oder einzelne Klassen derselben, zum Besuche einer Fortbildungsschule des Ortes, Arbeits- und Lehrherren aber zur Gewährung der für diesen Besuch erforderlichen Zeit verpflichtet werden.

10) wer der Aufforderung der Behörde ungeachtet den Bestimmungen des § 107 entgegenhandelt[20]).

In allen diesen Fällen bleibt die Strafe ausgeschlossen[21]), wenn die strafbare Handlung zugleich eine Zuwiderhandlung gegen die Steuergesetze enthält.

§ 149. Mit Geldstrafe bis zu 30 Mark und im Falle des Unvermögens mit Haft bis zu acht Tagen wird bestraft:

1) wer gewerbliche Verrichtungen, zu welchen er nach Vorschrift des § 44 einer Legitimation bedarf, vornimmt ohne dieselbe zu besitzen, beziehungsweise mit sich zu führen;[22])
2) wer bei dem Gewerbebetrieb im Umherziehen den ihm ertheilten Legitimationsschein nicht mit sich führt, oder einem Anderen überläßt;[23])

---

§ 118. Der Lehrherr muß sich angelegen sein lassen, den Lehrling durch Beschäftigung und Anweisung zum tüchtigen Gesellen auszubilden. Er darf dem Lehrlinge die hierzu erforderliche Zeit und Gelegenheit durch Verwendung zu anderen Dienstleistungen nicht entziehen. Der Lehrherr muß bemüht sein, den Lehrling zur Arbeitsamkeit und zu guten Sitten anzuhalten und vor Lastern und Ausschweifungen zu bewahren.

§ 126. Die Bestimmungen der §§ 105 bis 115 und 118 bis 125 finden, jedoch soviel die Lehrlinge betrifft, mit Ausnahme des § 106 Absatz 2., auf die Gehülfen und Lehrlinge der Apotheker und Kaufleute, ingleichen auf die Werkmeister in Fabriken keine Anwendung. Die Verhältnisse derselben zu ihren Lehrherrn und Arbeitgebern sind fernerhin nach den bisherigen Vorschriften zu beurtheilen.

[20]) § 107. Der Gewerbe-Unternehmer ist verbunden, auf seine Kosten alle diejenigen Einrichtungen herzustellen und zu unterhalten, welche mit Rücksicht auf die besondere Beschaffenheit des Gewerbebetriebes und der Betriebsstätte zu thunlichster Sicherung der Arbeiter gegen Gefahr für Leben und Gesundheit nothwendig sind.

[21]) vergl. dagegen § 147 a. E.

[22]) Handlungsreisende und Kaufleute, die für ihr eigenes Geschäft reisen, bedürfen nach § 44 eines Legitimationsscheins, wenn sie nicht durch eine Gewerbe-Legitimationskarte für das Gesammtgebiet des Zollvereins legitimirt sind (s. Anm. 14).

[23]) Wer einen solchen Schein überhaupt nicht besitzt, wird nach § 148, 7 bestraft. — Siehe auch § 61, ferner § 149, 4. — Für die Ueberlassung des Scheines an Andere kommt in Betracht:

§ 62. Der Gewerbebetrieb im Umherziehen darf nicht durch Stellvertreter ausgeübt werden. Ausgenommen hiervon sind der Verkauf der im § 58 bezeichneten Gegenstände, sofern er innerhalb der von der Polizeibehörde näher zu bestimmenden Umgegend des Wohnortes erfolgt, und der ebendaselbst unter 2. bezeichnete Gewerbebetrieb.

§ 58. Die Ertheilung des Legitimationsscheins erfolgt:

1) für den Aufkauf und Verkauf selbstgewonnener Erzeugnisse der Jagd und des Fischfanges;

3) wer ein Gewerbe im Umherziehen, für welches ihm ein auf einen bestimmten Bezirk lautender Legitimationsschein (§ 60.) ertheilt ist, unbefugt in einem anderen Bezirk betreibt;
4) wer den Vorschriften im § 61 zuwiderhandelt;[24])
5) wer bei dem Gewerbebetrieb im Umherziehen unbefugt Begleiter mitführt oder wer einem Gewerbetreibenden im Umherziehen unbefugt als Begleiter dient;[25])
6) wer den polizeilichen Anordnungen wegen des Marktverkehrs zuwiderhandelt;[26])

---

2) für den Verkauf selbstverfertigter Waaren, welche zu den Gegenständen des Wochenmarktverkehrs gehören, und für das nach Landesgebrauch hergebrachte Anbieten gewerblicher Leistungen innerhalb der von der Polizeibehörde näher zu bestimmenden Umgegend des Wohnortes

durch die Unterbehörde, welche für den Ort, wo der Gewerbetreibende seinen Wohnsitz hat, zuständig ist,

für alle anderen Arten des Gewerbebetriebs im Umherziehen durch die höhere Verwaltungsbehörde.

In den Fällen, für welche die Gesetze die Ausstellung eines Gewerbescheines nothwendig machen, kann dieser auch zugleich den Legitimationsschein ersetzen.

[23]) § 60. Abs. 2. Der Legitimationsschein für den Betrieb der im § 59 bezeichneten Gewerbe gewährt die Befugniß zum Gewerbebetriebe in einem anderen, als dem Bezirke derjenigen höheren Verwaltungsbehörde, welche ihn ausgestellt hat, nur dann, wenn er auf den anderen Bezirk von der höheren Verwaltungsbehörde des letzteren ausgedehnt ist. Diese Ausdehnung wird versagt, sobald für die, den Verhältnissen des Bezirkes entsprechende Anzahl von Personen Legitimationsscheine bereits ausgestellt oder ausgedehnt sind.

[24]) § 61. Der Inhaber des Legitimationsscheins ist verpflichtet, diesen während der thatsächlichen Ausübung des Gewerbebetriebes bei sich zu führen (s. auch § 149, 2), auf Erfordern der zuständigen Behörde vorzuzeigen und sofern er hierzu nicht im Stande ist, auf Geheiß der Behörde den Betrieb bis zur Abhülfe des Mangels einzustellen.

[25]) § 62. Abs. 2. Die Mitführung von Begleitern, sei es zur Beförderung der Waaren, zur Wartung des Gespannes oder zu anderen Zwecken, bedarf der in dem Legitimationsscheine auszudrückenden Genehmigung derjenigen Behörde, welche den Schein ertheilt hat, oder in deren Bezirk sich der Nachsucher befindet. Diese Genehmigung darf nur unter den Voraussetzungen und Formen versagt werden, welche § 57. für die Versagung des Legitimationsscheins gegenüber dem Unternehmer vorschreibt. Für Kinder unter vierzehn Jahren wird diese Genehmigung nicht ertheilt.

[26]) § 64. Der Besuch der Messen, Jahr- und Wochenmärkte,

7) wer es unterläßt, die in den §§ 130 und 133 vorgeschriebenen Anzeigen zu machen oder Listen zu führen.[27])

---

sowie der Kauf und Verkauf auf denselben steht einem Jeden mit gleichen Befugnissen frei.

Wo jedoch nach der bisherigen Ortsgewohnheit gewisse Handwerkerwaaren, welche nicht zu den im § 66 bezeichneten Gegenständen gehören, nur von Bewohnern des Marktortes auf dem Wochenmarkte verkauft werden durften, kann die höhere Verwaltungsbehörde, auf Antrag der Gemeindebehörde, den einheimischen Verkäufern die Fortsetzung des herkömmlichen Wochenmarktverkehrs mit jenen Handwerkerwaaren gestatten, ohne auswärtige Verkäufer derselben Waaren auf dem Wochenmarkte zuzulassen.

Beschränkungen des Marktverkehrs der Ausländer als Erwiderung der im Auslande gegen Bundesangehörige angeordneten Beschränkungen bleiben dem Bundesrathe vorbehalten.

§ 65. Die Zahl, Zeit und Dauer der Messen, Jahr- und Wochenmärkte wird von der zuständigen Verwaltungsbehörde festgesetzt.

Dem Marktberechtigten steht gegen eine solche Anordnung kein Widerspruch zu; ein Entschädigungsanspruch gebührt demselben nur dann, wenn durch die Anordnung die Zahl der bis dahin abgehaltenen Märkte vermindert wird, und eine größere Zahl ausdrücklich und unwiderruflich verliehen war. Gemeinden, welche einen Entschädigungsanspruch geltend machen wollen, müssen außerdem nachweisen, daß ihr Recht auf einen speciellen lästigen Titel sich gründet.

§. 66. Gegenstände des Wochenmarkt-Verkehrs sind:

1) rohe Naturerzeugnisse mit Ausschluß des größeren Viehs;
2) Fabrikate, deren Erzeugung mit der Land- und Forstwirthschaft, dem Garten- und Obstbau oder der Fischerei in unmittelbarer Verbindung steht, oder zu den Nebenbeschäftigungen der Landleute der Gegend gehört, oder durch Tagelöhnerarbeit bewirkt wird, mit Ausschluß der geistigen Getränke;
3) frische Lebensmittel aller Art.

Die zuständige Verwaltungs-Behörde ist auf Antrag der Gemeinde-Behörde befugt, zu bestimmen, welche Gegenstände außerdem nach Ortsgewohnheit und Bedürfniß in ihrem Bezirk überhaupt, oder an gewissen Orten zu den Wochenmarkts-Artikeln gehören.

§ 67. Auf Jahrmärkten dürfen außer den im § 66 benannten Gegenständen Verzehrungsgegenstände und Fabrikate aller Art feilgehalten werden.

Zum Verkauf von geistigen Getränken zum Genuß auf der Stelle bedarf es jedoch der Genehmigung der Ortspolizei-Behörde.

§ 68. Der Marktverkehr darf in keinem Falle mit anderen als solchen Abgaben belastet werden, welche eine Vergütung für den überlassenen Raum und den Gebrauch von Buden und Geräthschaften bilden. In den Bestimmungen darüber, ob und in welchem Umfange Abgaben dieser Art erhoben werden dürfen, wird durch gegenwärtiges Gesetz nichts geändert. Ein Unterschied zwischen Einheimischen und Fremden bezüglich der Zahlung der Abgaben darf nicht stattfinden.

§ 150. Wer den Vorschriften in den §§ 128, 129 und 131[28]) zuwider jugendliche Arbeiter annimmt oder beschäftigt, wird mit einer Geldstrafe bis zu 15 Mark und im Falle des Unvermögens

---

§ 69. In den Grenzen der Bestimmungen der §§ 65 bis 68 kann die Ortspolizei-Behörde, im Einverständniß mit der Gemeinde-Behörde, die Markt-Ordnung nach dem örtlichen Bedürfniß festsetzen, namentlich auch für das Feilbieten von gleichartigen Gegenständen den Platz, und für das Feilbieten im Umhertragen, mit oder ohne Ausruf, die Tageszeit und die Gattung der Waaren bestimmen.

§ 70. In Betreff der Märkte, welche bei besonderen Gelegenheiten oder für bestimmte Gattungen von Gegenständen gehalten werden, bewendet es bei den bestehenden Anordnungen.

Erweiterungen dieses Marktverkehrs können von der zuständigen Behörde mit Zustimmung der Gemeinde-Behörde angeordnet werden.

§ 71. Beschränkungen des Verkehrs mit den zu Messen und Märkten gebrachten, aber unverkauft gebliebenen Gegenständen werden hierdurch aufgehoben. Der Einzelverkauf solcher Gegenstände außer der Marktzeit ist jedoch nur unter denselben Bedingungen zulässig, unter welchen derselbe statthaft sein würde, wenn die Gegenstände nicht auf den Markt gebracht wären.

[27]) § 130. Wer jugendliche Arbeiter in einer Fabrik zu einer regelmäßigen Beschäftigung annehmen will, hat davon der Ortspolizei-Behörde zuvor Anzeige zu machen.

Der Arbeitgeber hat über die von ihm beschäftigten jugendlichen Arbeiter eine Liste zu führen, welche deren Namen, Alter, Wohnort, Eltern, Eintritt in die Fabrik und Entlassung aus derselben enthält, in dem Arbeitslokal auszuhängen und den Polizei- und Schulbehörden auf Verlangen in Abschrift vorzulegen ist. Die Anzahl dieser Arbeiter hat er halbjährlich der Ortspolizei-Behörde anzuzeigen.

[Der § 133 enthält nur Uebergangsbestimmungen.]

[28]) § 128. Kinder unter zwölf Jahren dürfen in Fabriken zu einer regelmäßigen Beschäftigung nicht angenommen werden.

Vor vollendetem vierzehnten Lebensjahre dürfen Kinder in Fabriken nur dann beschäftigt werden, wenn sie täglich einen mindestens dreistündigen Schulunterricht in einer von der höheren Verwaltungs-Behörde genehmigten Schule erhalten. Ihre Beschäftigung darf sechs Stunden täglich nicht übersteigen.

Junge Leute, welche das vierzehnte Lebensjahr zurückgelegt haben, dürfen vor vollendetem sechszehnten Lebensjahre in Fabriken nicht über zehn Stunden täglich beschäftigt werden. Auch für diese jugendlichen Arbeiter kann durch die Centralbehörde die zulässige Arbeitsdauer bis auf sechs Stunden täglich für den Fall eingeschränkt werden, daß dieselben nach den besonderen in einzelnen Theilen des Bundesgebietes bestehenden Schuleinrichtungen noch im schulpflichtigen Alter sich befinden.

Die Ortspolizei-Behörde ist befugt, eine Verlängerung dieser Arbeitszeiten um höchstens eine Stunde und auf höchstens vier Wochen dann

mit Haft bis zu drei Tagen für jeden vorschriftswidrig angenommenen oder beschäftigten Arbeiter bestraft.

War er innerhalb der letzten fünf Jahre bereits drei verschiedene Male auf Grund der vorstehenden Bestimmung bestraft, so kann auf Verlust der Befugniß zur Beschäftigung jugendlicher Arbeiter für eine bestimmte Zeit oder für immer gegen ihn erkannt werden.

Es muß auf diesen Verlust, und zwar für mindestens drei Monate erkannt werden, wenn er innerhalb der letzten fünf Jahre bereits sechs verschiedene Male bestraft war.

Bei Zuwiderhandlungen gegen solche Erkenntnisse (Absatz 2 und 3) kann die im ersten Absatz dieses Paragraphen bestimmte Strafe bis zum vierfachen Betrage erhöht werden.

---

zu gestatten, wenn Naturereignisse oder Unglücksfälle den regelmäßigen Geschäftsbetrieb in der Fabrik unterbrochen und ein vermehrtes Arbeitsbedürfniß herbeigeführt haben.

§ 129. Zwischen den Arbeitsstunden muß den jugendlichen Arbeitern (§ 128) Vor- und Nachmittags eine Pause von einer halben Stunde und Mittags eine ganze Freistunde, und zwar jedesmal auch Bewegung in der freien Luft gewährt werden.

Die Arbeitsstunden dürfen nicht vor $5^1/_2$ Uhr Morgens beginnen und nicht über $8^1/_2$ Uhr Abends dauern.

An Sonn- und Feiertagen, sowie während der von dem ordentlichen Seelsorger für den Katechumenen- und Konfirmanden-Unterricht bestimmten Stunden dürfen jugendliche Arbeiter nicht beschäftigt werden.

§ 131. Die Annahme jugendlicher Arbeiter zu einer regelmäßigen Beschäftigung darf nicht erfolgen, bevor der Vater oder Vormund derselben dem Arbeitgeber ein Arbeitsbuch eingehändigt hat.

Dieses Arbeitsbuch, welchem die §§ 128—133 des gegenwärtigen Gesetzes vorzudrucken sind, wird auf den Antrag des Vaters oder Vormundes des jugendlichen Arbeiters von der Ortspolizei-Behörde ertheilt und enthält:

1) Namen, Tag und Jahr der Geburt, Religion des Arbeiters,
2) Namen, Stand und Wohnort des Vaters oder Vormundes,
3) ein Zeugniß über den bisherigen Schulbesuch,
4) eine Rubrik für die bestehenden Schulverhältnisse,
5) eine Rubrik für die Bezeichnung des Eintrittes in die Anstalt,
6) eine Rubrik für den Austritt aus derselben,
7) eine Rubrik für die Revisionen.

Der Arbeitgeber hat dieses Arbeitsbuch zu verwahren, der Behörde auf Verlangen jederzeit vorzulegen und bei Beendigung des Arbeitsverhältnisses dem Vater oder Vormunde des Arbeiters wieder auszuhändigen.

2. Bekanntmachung,

betreffend die Ausführung des Allerhöchsten Erlasses vom 16. März d. J. über den Gebrauch des Kaiserlichen Adlers zur Bezeichnung von Waaren oder Etiketten.

Vom 11. April 1872.

(R.G.Bl. S. 93.)

In Ausführung des Allerhöchsten Erlasses vom 16. März d. J. (Reichsgesetzbl. S. 90)[1]) wird hierdurch bestimmt, daß bei Gebrauch und bei Abbildung des Kaiserlichen Adlers zur Bezeichnung von Waaren oder auf Etiquetten die Form eines Wappenschildes ausgeschlossen ist.[2])

---

[1]) Der Erlaß vom 16. März bestimmt, daß allen deutschen Fabrikanten der Gebrauch und die Abbildung des Kaiserlichen Adlers in der durch Erlaß vom 3. August 1871 festgesetzten Form zur Bezeichnung ihrer Waaren oder Etiketten gestattet sein soll.

[2]) Die Strafe der Zuwiderhandlung gegen diesen Erlaß bestimmt sich nach § 360, 7 des Str.G.B. (Geldstrafe bis zu 150 Mark oder Haft).

---

3. Gesetz über die Presse.

Vom 7. Mai 1874.

(R.G.Bl. S. 65.)

§ 5. Die nicht gewerbsmäßige[1]) öffentliche Verbreitung von Druckschriften kann durch die Ortspolizeibehörde denjenigen Personen verboten werden, welchen nach § 57 der Gewerbeordnung ein Legitimationsschein versagt werden darf.

---

[1]) Bei der nicht gewerbsmäßigen Verbreitung von Druckschriften ist zu unterscheiden zwischen der unentgeltlichen Verbreitung und dem Verkauf derselben. Nach § 30 Absatz 2 des Gesetzes über die Presse kann die Landesgesetzgebung Vorschriften über das öffentliche Anschlagen, Anheften, Ausstellen, sowie die öffentliche unentgeltliche Vertheilung von Bekanntmachungen, Plakaten und Aufrufen erlassen; der nicht gewerbsmäßige Verkauf von Druckschriften dagegen kann nur auf Grund des obigen § 5 des Gesetzes über die Presse, bzw. § 57 der Gewerbeordnung einzelnen bestimmten Personen verboten werden (man vergl. auch § 1 des Gesetzes über die Presse).

Für die gewerbsmäßige Verbreitung von Druckschriften kommen dagegen folgende §§ der Gewerbeordnung zur Anwendung:

§ 43. Wer gewerbsmäßig Druckschriften oder andere Schriften oder

Zuwiderhandlungen gegen ein solches Verbot werden nach § 148 der Gewerbeordnung bestraft.[2])

§ 18. Mit Geldstrafe bis zu 1000 Mark oder mit Haft oder mit Gefängnißstrafe bis zu sechs Monaten werden bestraft:

Bildwerke auf öffentlichen Wegen, Straßen, Plätzen, oder anderen öffentlichen Orten ausrufen, verkaufen, vertheilen, anheften oder anschlagen will, bedarf dazu einer Erlaubniß der Orts-Polizeibehörde und hat den über diese Erlaubniß auszustellenden, auf seinen Namen lautenden Legitimationsschein bei sich zu führen.

Diese Erlaubniß darf nur unter den Bedingungen und nach Maßgabe des § 57 versagt werden.

§ 57. Einem Bundesangehörigen, welcher innerhalb des Norddeutschen Bundesgebietes einen festen Wohnsitz besitzt, und das 21ste Lebensjahr überschritten hat, darf der Legitimationsschein, vorbehaltlich der Bestimmung des § 59, nur dann versagt werden, wenn er:

1) mit einer abschreckenden oder ansteckenden Krankheit behaftet ist;
2) oder wegen strafbarer Handlungen aus Gewinnsucht gegen das Eigenthum, gegen die Sittlichkeit, wegen vorsätzlicher Angriffe auf das Leben und die Gesundheit der Menschen, wegen vorsätzlicher Brandstiftung, wegen Zuwiderhandlungen gegen Verbote oder Sicherungsmaßregeln, betreffend Einführung oder Verbreitung ansteckender Krankheiten oder Viehseuchen, zu Gefängniß von mindestens sechs Wochen oder zwar zu einer geringeren Strafe verurtheilt, aber in der Ausübung der bürgerlichen Ehrenrechte beschränkt worden ist, innerhalb zweier Jahre nach erfolgter Verurtheilung, und im Falle der Gefängnißstrafe nach verbüßtem Gefängniß;
3) oder unter Polizeiaufsicht steht;
4) oder wegen gewohnheitsmäßiger Arbeitsscheu, Bettelei, Landstreicherei, Trunksucht übel berüchtigt ist.

Die Behörde muß innerhalb vierzehn Tagen dem Nachsuchenden entweder den Legitimationsschein ertheilen oder unter Angabe des gesetzlichen Hinderungsgrundes schriftlich versagen. Gegen die Versagung steht der Rekurs zu. Wegen des Verfahrens und der Behörden gelten die Vorschriften der §§ 20 und 21.

Ausländern kann der Gewerbebetrieb im Umherziehen gestattet werden. Der Bundesrath ist befugt, die deshalb nöthigen Bestimmungen zu treffen.

[2]) Derjenige, welcher gegen ausdrückliches, in Gemäßheit des § 57 der G.O. ergangenes Verbot der Ortspolizeibehörde die nicht gewerbsmäßige öffentliche Verbreitung von Druckschriften unternimmt, wird gleich dem, der gewerbsmäßig Druckschriften verbreitet, ohne den nach § 43 der G.O. erforderlichen Legitimationsschein zu besitzen, oder bei sich zu führen, nach § 148, 5 der G.O. mit Geldstrafe bis zu 150 Mark und im Unvermögensfalle mit Haft bis zu vier Wochen bestraft.

1) Zuwiderhandlungen gegen die in den §§ 14, 15, 16 und 17 enthaltenen Verbote;[3])
2) Zuwiderhandlungen gegen die Bestimmungen der §§ 6, 7 und 8, welche durch falsche Angaben mit Kenntniß der Unrichtigkeit begangen werden.[4])

Dieselbe Strafe trifft den Verleger einer periodischen Druckschrift

---

[3]) § 14. Abs. 1. Ist gegen eine Nummer (Stück, Heft) einer im Auslande erscheinenden periodischen Druckschrift binnen Jahresfrist zwei Mal eine Verurtheilung auf Grund der §§ 41 und 42 des Strafgesetzbuchs erfolgt, so kann der Reichskanzler innerhalb zwei Monaten nach Eintritt der Rechtskraft des letzten Erkenntnisses das Verbot der ferneren Verbreitung dieser Druckschrift bis auf zwei Jahre durch öffentliche Bekanntmachung aussprechen.

[Von solchem Verbot ist bis jetzt nur betroffen die in Baltimore erscheinende „Katholische Volkszeitung" (Centralblatt 1875, S. 305).]

§ 15. In Zeiten der Kriegsgefahr oder des Krieges können Veröffentlichungen über Truppenbewegungen oder Vertheidigungsmittel durch den Reichskanzler mittelst öffentlicher Bekanntmachung verboten werden.

§ 16. Oeffentliche Aufforderungen mittelst der Presse zur Aufbringung der wegen einer strafbaren Handlung erkannten Geldstrafen und Kosten, sowie öffentliche Bescheinigungen mittelst der Presse über den Empfang der zu solchen Zwecken gezahlten Beiträge sind verboten. Das zufolge solcher Aufforderungen Empfangene oder der Werth desselben ist der Armenkasse des Orts der Sammlung für verfallen zu erklären.

§. 17. Die Anklageschrift oder andere amtliche Schriftstücke eines Strafprocesses dürfen durch die Presse nicht eher veröffentlicht werden, als bis dieselben in öffentlicher Verhandlung kund gegeben worden sind, oder das Verfahren sein Ende erreicht hat.

[4]) § 6. Auf jeder im Geltungsbereich dieses Gesetzes erscheinenden Druckschrift muß der Name und Wohnort des Druckers und, wenn sie für den Buchhandel, oder sonst zur Verbreitung bestimmt ist, der Name und Wohnort des Verlegers, oder — beim Selbstvertriebe der Druckschrift — des Verfassers oder Herausgebers genannt sein. An Stelle des Namens des Druckers oder Verlegers genügt die Angabe der in das Handelsregister eingetragenen Firma.

Ausgenommen von dieser Vorschrift sind die nur zu den Zwecken des Gewerbes und Verkehrs, des häuslichen und geselligen Lebens dienenden Druckschriften, als: Formulare, Preiszettel, Visitenkarten und dergleichen, sowie Stimmzettel für öffentliche Wahlen, sofern sie nichts weiter als Zweck, Zeit und Ort der Wahl und die Bezeichnung der zu wählenden Personen enthalten.

auch dann, wenn er wissentlich geschehen läßt, daß auf derselben eine Person fälschlich als Redakteur benannt wird.

§. 19. Mit Geldstrafe bis zu 150 Mark oder mit Haft werden bestraft:

1) Zuwiderhandlungen gegen die §§ 6, 7 und 8, welche nicht durch § 18 Ziffer 2 getroffen sind;[5])
2) Zuwiderhandlungen gegen den § 9;[6])
3) Zuwiderhandlungen gegen die §§ 10 und 11;[7])

In den Fällen der Ziffer 3 tritt die Verfolgung nur auf Antrag

---

§ 7. Zeitungen und Zeitschriften, welche in monatlichen oder kürzeren, wenn auch unregelmäßigen Fristen erscheinen (periodische Druckschriften im Sinne dieses Gesetzes), müssen außerdem auf jeder Nummer, jedem Stücke oder Hefte den Namen und Wohnort des verantwortlichen Redakteurs enthalten.

Die Benennung mehrerer Personen als verantwortliche Redakteure ist nur dann zulässig, wenn aus Form und Inhalt der Benennung mit Bestimmtheit zu ersehen ist, für welchen Theil der Druckschrift jede der benannten Personen die Redaktion besorgt.

§ 8. Verantwortliche Redakteure periodischer Druckschriften dürfen nur Personen sein, welche verfügungsfähig, im Besitze der bürgerlichen Ehrenrechte sind und im Deutschen Reiche ihren Wohnsitz oder gewöhnlichen Aufenthalt haben.

[5]) Den Wortlaut der §§ 6—8 siehe in Anm. 4. — Nach § 18, 2 werden wissentlich falsche Angaben über den Drucker, Verleger oder Redakteur einer Druckschrift bestraft, nach § 19, 1 dergleichen irrthümliche Angaben oder das Fehlen der nach §§ 6—8 erforderlichen Angaben.

[6]) § 9. Von jeder Nummer (Heft, Stück) einer periodischen Druckschrift muß der Verleger, sobald die Austheilung oder Versendung beginnt, ein Exemplar gegen eine ihm sofort zu ertheilende Bescheinigung an die Polizeibehörde des Ausgabeorts unentgeltlich abliefern. Diese Vorschrift findet keine Anwendung auf Druckschriften, welche ausschließlich Zwecken der Wissenschaft, der Kunst, des Gewerbes oder der Industrie dienen.

[7]) § 10. Der verantwortliche Redakteur einer periodischen Druckschrift, welche Anzeigen aufnimmt, ist verpflichtet, die ihm von öffentlichen Behörden mitgetheilten amtlichen Bekanntmachungen auf deren Verlangen gegen Zahlung der üblichen Einrückungsgebühren in eine der beiden nächsten Nummern des Blattes aufzunehmen.

§ 11. Der verantwortliche Redakteur einer periodischen Druckschrift ist verpflichtet, eine Berichtigung der in letzterer mitgetheilten Thatsachen auf Verlangen einer betheiligten öffentlichen Behörde oder Privatperson ohne Einschaltungen und Weglassungen aufzunehmen, sofern

ein, und hat das Strafurtheil zugleich die Aufnahme des eingesandten Artikels in die nächstfolgende Nummer anzuordnen. Ist die unberechtigte Verweigerung im gutem Glauben geschehen, so ist unter Freisprechung von Strafe und Kosten lediglich die nachträgliche Aufnahme anzuordnen.

§ 21. Begründet der Inhalt einer Druckschrift den Thatbestand einer strafbaren Handlung, so sind

der verantwortliche Redacteur,

der Verleger,

der Drucker,

derjenige, welcher die Druckschrift gewerbsmäßig vertrieben oder sonst öffentlich verbreitet hat (Verbreiter),

soweit sie nicht nach § 20[8]) als Thäter oder Theilnehmer zu bestrafen sind, wegen Fahrlässigkeit mit Geldstrafe bis zu 1000 Mark oder mit Haft oder mit Festungshaft oder Gefängniß bis zu einem Jahre zu belegen, wenn sie nicht die Anwendung der pflichtgemäßen Sorgfalt oder Umstände nachweisen, welche diese Anwendung unmöglich gemacht haben.

Die Bestrafung bleibt jedoch für jede der benannten Personen ausgeschlossen, wenn sie als den Verfasser oder den Einsender, mit dessen Einwilligung die Veröffentlichung geschehen ist, oder, wenn es sich um eine periodische Druckschrift handelt, als den Herausgeber derselben, oder als einen der in obiger Reihenfolge vor ihr Benannten eine Person bis zur Verkündigung des ersten Urtheils nachweist, welche in dem Bereich der richterlichen Gewalt eines deutschen Bundesstaates sich

---

die Berichtigung von dem Einsender unterzeichnet ist, keinen strafbaren Inhalt hat und sich auf thatsächliche Angaben beschränkt.

Der Abdruck muß in der nach Empfang der Einsendung nächstfolgenden, für den Druck nicht bereits abgeschlossenen Nummer und zwar in demselben Theile der Druckschrift und mit derselben Schrift, wie der Abdruck des zu berichtigenden Artikels geschehen.

Die Aufnahme erfolgt kostenfrei, soweit nicht die Entgegnung den Raum der zu berichtigenden Mittheilung überschreitet; für die über dieses Maß hinausgehenden Zeilen sind die üblichen Einrückungsgebühren zu entrichten.

[8]) § 20. Die Verantwortlichkeit für Handlungen, deren Strafbarkeit durch den Inhalt einer Druckschrift begründet wird, bestimmt sich nach den bestehenden allgemeinen Strafgesetzen.

Ist die Druckschrift eine periodische, so ist der verantwortliche Redakteur als Thäter zu bestrafen, wenn nicht durch besondere Umstände die Annahme seiner Thäterschaft ausgeschlossen wird.

befindet, oder falls sie verstorben ist, sich zur Zeit der Veröffentlichung befunden hat; hinsichtlich des Verbreitens ausländischer Druckschriften außerdem, wenn ihm dieselben im Wege des Buchhandels zugekommen sind.

§ 22. Die Strafverfolgung derjenigen Verbrechen und Vergehen, welche durch die Verbreitung von Druckschriften strafbaren Inhalts begangen werden, sowie derjenigen sonstigen Vergehen, welche in diesem Gesetze mit Strafe bedroht sind, verjährt in sechs Monaten.

§ 28. Während der Dauer der Beschlagnahme[9]) ist die Ver-

---

[9]) § 23. Eine Beschlagnahme von Druckschriften ohne richterliche Anordnung findet nur statt:

1) wenn eine Druckschrift den Vorschriften der §§ 6 und 7 nicht entspricht, oder den Vorschriften des § 14 zuwider verbreitet wird,
2) wenn durch eine Druckschrift einem auf Grund des § 15 dieses Gesetzes erlassenen Verbot zuwider gehandelt wird,
3) wenn der Inhalt einer Druckschrift den Thatbestand einer der in den §§ 85, 95, 111, 130 oder 184 des deutschen Strafgesetzbuchs mit Strafe bedrohten Handlungen begründet, in den Fällen der §§ 111 und 130 jedoch nur dann, wenn dringende Gefahr besteht, daß bei Verzögerung der Beschlagnahme die Aufforderung oder Anreizung ein Verbrechen oder Vergehen unmittelbar zur Folge haben werde.

§ 24. Ueber die Bestätigung oder Aufhebung der vorläufigen Beschlagnahme hat das zuständige Gericht zu entscheiden.

Diese Entscheidung muß von der Staatsanwaltschaft binnen vierundzwanzig Stunden nach Anordnung der Beschlagnahme beantragt und von dem Gericht binnen vierundzwanzig Stunden nach Empfang des Antrags erlassen werden.

Hat die Polizeibehörde die Beschlagnahme ohne Anordnung der Staatsanwaltschaft verfügt, so muß sie die Absendung der Verhandlungen an die letztere ohne Verzug und spätestens binnen zwölf Stunden bewirken. Die Staatsanwaltschaft hat entweder die Wiederaufhebung der Beschlagnahme mittelst einer sofort vollstreckbaren Verfügung anzuordnen, oder die gerichtliche Bestätigung binnen zwölf Stunden nach Empfang der Verhandlungen zu beantragen.

Wenn nicht bis zum Ablaufe des fünften Tages nach Anordnung der Beschlagnahme der bestätigende Gerichtsbeschluß der Behörde, welche die Beschlagnahme angeordnet hat, zugegangen ist, erlischt die letztere und muß die Freigabe der einzelnen Stücke erfolgen.

§ 25. Gegen den Beschluß des Gerichts, welcher die vorläufige Beschlagnahme aufhebt, findet ein Rechtsmittel nicht statt.

§ 26. Die vom Gericht bestätigte, vorläufige Beschlagnahme ist wieder aufzuheben, wenn nicht binnen zwei Wochen nach der Bestätigung die Strafverfolgung in der Hauptsache eingeleitet worden ist.

§ 27. Die Beschlagnahme von Druckschriften trifft die Exemplare nur da, wo dergleichen zum Zwecke der Verbreitung sich befinden. Sie kann sich auf die zur Vervielfältigung dienenden Platten und Formen

breitung der von derselben betroffenen Druckschrift oder der Wiederabdruck der die Beschlagnahme veranlassenden Stellen unstatthaft.

Wer mit Kenntniß der verfügten Beschlagnahme dieser Bestimmung entgegenhandelt, wird mit Geldstrafe bis 500 Mark oder mit Gefängniß bis zu sechs Monaten bestraft[10]).

---

4. Gesetz,

betreffend die privatrechtliche Stellung der Erwerbs- und Wirthschafts-Genossenschaften.

Vom 4. Juli 1868.

(B. G. Bl. S. 415.)

§ 27. Mitglieder des Vorstandes, welche in dieser ihrer Eigenschaft außer den Grenzen ihres Auftrages oder den Vorschriften dieses Gesetzes oder des Gesellschaftsvertrages entgegenhandeln, haften persönlich und solidarisch für den dadurch entstandenen Schaden.

Sie haben, wenn ihre Handlungen auf andere, als die in dem gegenwärtigen Gesetze (§ 1) erwähnten geschäftlichen Zwecke[1]) gerichtet

---

erstrecken; bei Druckschriften im engeren Sinne hat auf Antrag des Betheiligten statt Beschlagnahme des Satzes das Ablegen des letzteren zu geschehen.

Bei der Beschlagnahme sind die dieselbe veranlassenden Stellen der Schrift unter Anführung der verletzten Gesetze zu bezeichnen. Trennbare Theile der Druckschrift (Beilagen einer Zeitung 2c.), welche nichts Strafbares enthalten, sind von der Beschlagnahme auszuschließen.

§ 29. Zur Entscheidung über die durch die Presse begangenen Uebertretungen sind die Gerichte auch in denjenigen Bundesstaaten ausschließlich zuständig, wo zur Zeit noch deren Aburtheilung den Verwaltungsbehörden zusteht.

Soweit in einzelnen Bundesstaaten eine Mitwirkung der Staatsanwaltschaft bei den Gerichten unterster Instanz nicht vorgeschrieben ist, sind in den Fällen der ohne richterliche Anordnung erfolgten Beschlagnahme die Akten unmittelbar dem Gericht vorzulegen.

[10]) Man vergl. § 137 St.G.B.

[1]) Der Zweck der Genossenschaften ist nach § 1 die Förderung des Kredits, des Erwerbes oder der Wirthschaft ihrer Mitglieder mittelst gemeinschaftlichen Geschäftsbetriebes.

Die Uebertretung der sonstigen in diesem Gesetz gegebenen Vorschriften wird, nach § 66, von dem zuständigen Handelsgericht durch Ordnungsstrafen geahndet.

sind, oder wenn sie in der Generalversammlung die Erörterung von Anträgen gestatten oder nicht hindern, welche auf öffentliche Angelegenheiten gerichtet sind, deren Erörterung unter die Landesgesetze über das Versammlungs- oder Vereinsrecht fällt, eine **Geldbuße bis zu 600 Mark** verwirkt.

---

5. Gesetz

über die eingeschriebenen Hülfskassen.

Vom 7. April 1876.

(R. G. Bl. S. 125.)

§. 34. Mitglieder des Vorstandes oder des Ausschusses, welche den Bestimmungen dieses Gesetzes zuwider handeln, werden mit **Geldstrafe bis zu 300 Mark gerichtlich**[1]) bestraft. Haben sie absichtlich zum Nachtheil der Kasse gehandelt, so unterliegen sie der Strafbestimmung des § 266 des Strafgesetzbuchs.

---

[1]) Eine Ausnahme macht der § 27 dieses Gesetzes (Verpflichtung der Vorstandsmitglieder zur Einlieferung der geforderten Listen und Rechnungsabschlüsse an die Behörde), dessen Uebertretung nach § 33 von der **Aufsichtsbehörde** durch **Ordnungsstrafen** geahndet wird.

II.

Zölle und Steuern.

1. Vereinszollgesetz.

Vom 1. Juli 1869.
(B. G. Bl. S. 317.)

§ 134. Wer es unternimmt, Gegenstände, deren Ein-, Aus- oder Durchfuhr verboten ist,[2]) diesem Verbote zuwider ein-, aus- oder durchzuführen, macht sich einer Kontrebande schuldig, und hat die Konfiskation der Gegenstände, in Bezug auf welche das Vergehen verübt worden ist, und insofern nicht in besonderen Gesetzen eine höhere Strafe festgesetzt ist, zugleich eine Geldbuße verwirkt, welche dem doppelten Werthe jener Gegenstände, und wenn solcher nicht 30 Mark beträgt, dieser Summe gleichkommen soll.

§ 135. Wer es unternimmt, die Ein- und Ausgangs-Abgaben (§§ 3 und 5) zu unterziehen, macht sich einer Defraudation schuldig und hat die Konfiskation der Gegenstände, in Bezug auf welche das Vergehen verübt worden ist, und zugleich eine dem vierfachen Betrage der vorenthaltenen Abgaben gleichkommende Geldbuße verwirkt. Diese Abgaben sind außerdem zu entrichten.[3])[4])

---

[1]) Das Vereins-Zollgesetz ist nicht Reichsgesetz, jedoch in Geltung im ganzen deutschen Reiche, mit Ausnahme der vom Zollverein ausgeschlossenen Gebietstheile. Für die außerhalb des Zollvereins befindlichen hamburgischen Gebietstheile ist ein „Gesetz, betreffend die Sicherung der Zollvereinsgrenze in den vom Zollgebiete ausgeschlossenen hamburgischen Gebietstheilen" (1869. Juli 1. — S. 370), erlassen worden, dessen vom Vereins-Zollgesetz abweichende Bestimmungen in den nachfolgenden Anmerkungen Berücksichtigung finden.

[2]) Dergleichen Verbote sind erlassen: in Betreff der Einfuhr von Reben zum Verpflanzen (1873. Febr. 11. — S. 43) und in Betreff der Einfuhr von Kartoffeln aus Amerika, sowie von Abfällen und Verpackungsmaterial solcher Kartoffeln (1875. Febr. 26. — S. 135). Uebrigens ist das letztere Verbot nicht, wie das erstere, ausdrücklich auf das Zollvereinsgebiet beschränkt. — Man vergl. übrigens die §§ 327. 328 des St. G. B.

[3]) In dem Art. 2 des für Hamburg geltenden Gesetzes (s. Anm. 1) fehlt der Schlußsatz, ist jedoch durch Art. 5 desselben Gesetzes ersetzt.

[4]) Die einzelnen Umstände, unter denen die Kontrebande bzw. Zoll-Defraudation als vollbracht angenommen wird, sind im § 136 einzeln aufgeführt.

§ 140. Im Wiederholungsfalle der Kontrebande oder Defraudation, nach vorhergegangener rechtskräftiger Verurtheilung, wird außer der Konfiskation der Gegenstände des Vergehens die nach §§ 134 und 135 eintretende Geldbuße verdoppelt.[5])

§ 141. Jeder fernere Rückfall zieht neben der Konfiskation der Gegenstände des Vergehens in der Regel eine Freiheitsstrafe[6]) nach sich, welche nach dem Doppelten der im § 140 bestimmten Geldbuße zu bemessen ist (§ 162)[7]), jedoch zwei Jahre[8]) nicht überschreiten darf.

Doch kann ausnahmsweise nach richterlichem Ermessen mit Berücksichtigung aller Umstände des vorliegenden Vergehens und der vorausgegangenen Fälle auf das Doppelte der im § 140 bestimmten Geldbuße erkannt werden, wenn der Angeklagte das Kontrebandiren oder Defraudiren nicht gewerbsmäßig betreibt.

§ 144. Die Strafe der Kontrebande oder Defraudation wird um die Hälfte geschärft:[9])

1) wenn die Gegenstände beim Transport in geheimen Behältnissen, oder sonst auf künstliche oder schwer zu entdeckende Art verborgen,

---

[5]) Nach § 142 Abs. 3 und 4 findet die Straferhöhung wegen Rückfalls nicht statt, wenn seit der letzten Bestrafung wegen Kontrebande oder Defraudation drei Jahre verflossen sind. — Einige spezielle Fälle, in denen die Rückfallsstrafe ausgeschlossen, führt der § 143 auf.

[6]) Nach Art. 3 des für das hamburgische Freihafengebiet geltenden Gesetzes ist beim zweiten und ferneren Rückfällen nicht auf Freiheitsstrafe, sondern auf das Vierfache der bei der ersten Zuwiderhandlung eintretenden Strafe zu erkennen.

[7]) § 162. Im Falle die Geldstrafe nicht beigetrieben werden kann, tritt statt derselben verhältnißmäßige Freiheitsstrafe ein, welche im ersten Falle der Kontrebande oder Defraudation die Dauer von einem halben Jahre, beim ersten Rückfall in eines dieser Vergehen die Dauer von Einem und bei jedem ferneren Rückfall die Dauer von zwei Jahren nicht übersteigen soll.

Das Verhältniß, nach welchem die Freiheitsstrafe abzumessen (§ 141) oder die Geldbuße in Freiheitsstrafe umzuwandeln ist, wird durch die Landes-Gesetze bestimmt [an deren Stelle inzwischen das Strafgesetzbuch für das Deutsche Reich (§§ 28. 29.) getreten ist].

[8]) Nach Art. 11 des für Hamburg geltenden Gesetzes soll die an Stelle der Geldbuße tretende Freiheitsstrafe die Dauer von einem Jahre nicht übersteigen.

[9]) Nach § 145 tritt dieselbe Strafverschärfung gegen diejenigen ein welche das von der Zollbehörde ihnen geschenkte Vertrauen in der im § 136, 9 bezeichneten Weise mißbrauchen um die Zollgesetze zu umgehen.

2) wenn unter Zoll-Kontrole gehende Gegenstände auf dem Transporte vertauscht oder in ihren Bestandtheilen verändert worden sind,

3) wenn die Kontrebande oder Defraudation mittelst Abnahme, Verletzung oder sonstiger Unbrauchbarmachung eines amtlichen Waarenverschlusses verübt wird,[10])

wobei jedoch das im § 162 festgesetzte höchste Maß der Freiheitsstrafe nicht überschritten werden darf.

§ 146. Wenn drei oder mehrere Personen zur gemeinschaftlichen Ausübung einer Kontrebande oder Defraudation sich verbunden haben, so wird die Strafe für die gemeinschaftlich ausgeführten Vergehen gegen den Anführer durch eine drei- bis sechsmonatliche, gegen jeden der übrigen Theilnehmer aber durch ein- bis dreimonatliche Freiheitsstrafe geschärft.

Werden drei oder mehrere Personen zusammen in Ausübung eines Vergehens betroffen, so wird angenommen, daß sie sich zur gemeinschaftlichen Ausübung verbunden haben, wenn sie nicht nachweisen können oder aus den Umständen hervorgeht, daß ihr Zusammentreffen nur ein zufälliges gewesen sei.

Wird das Vergehen nach vorhergegangener rechtskräftiger Verurtheilung wiederholt, oder ist eine derartige Verbindung für die Dauer eingegangen worden, so trifft den Anführer ein- bis zweijährige, die übrigen Theilnehmer sechsmonatliche bis einjährige Freiheitsstrafe, neben der verwirkten Defraudations- oder Kontrebande-Strafe.

§ 147. a. Wer Kontrebande oder Defraudation unter dem Schutze einer Versicherung verübt, verfällt neben der auf das Vergehen selbst gesetzten Strafe in eine zwei- bis dreimonatliche Freiheitsstrafe.

b. Wird die Kontrebande oder Defraudation von drei oder mehreren zu diesem Zwecke verbundenen Personen unter dem Schutze einer Versicherung verübt, so ist die nach § 146 verwirkte Strafe gegen den Anführer mit achtmonatlicher bis einjähriger und gegen die übrigen Theilnehmer mit vier- bis sechsmonatlicher Freiheitsstrafe zu schärfen.

---

[10]) Vergl. § 151, ferner: § 159. Wird eine Kontrebande oder Defraudation mittelst Fälschung eines amtlichen Waarenverschlusses verübt, so tritt neben der Strafe des verübten Zollvergehens die durch die Landesgesetze für die Fälschung öffentlicher Urkunden festgesetzte Strafe ein [§ 268, 2 des Str.G.B.].

c. Der Versichernde, sowie der Vorsteher einer Versicherungs-Gesellschaft verfällt in den Fällen a. und b. in eine Freiheitsstrafe von ein und einhalb bis zwei Jahren, der Rechnungsführer der Versicherungs-Gesellschaft in eine solche von sechs Monaten bis zu zwei Jahren, jeder der übrigen Mitglieder der Gesellschaft in eine solche von sechs Monaten bis zu einem Jahre.

Außerdem unterliegen die zum Zwecke der Versicherung angelegten Fonds der Versicherungs-Gesellschaft der Konfiskation. Kann die Konfiskation nicht vollstreckt werden, so ist an deren Stelle auf Erlegung einer Geldsumme von 1500 bis 15000 Mark zu erkennen, für welche sämmtliche Theilnehmer solidarisch verhaftet sind.

§ 148. Wer bei Verübung einer Kontrebande oder Defraudation Waffen zum Widerstande gegen die zur Wahrnehmung des Zoll-Interesses verpflichteten Beamten mit sich führt, hat neben der ordentlichen Strafe des Vergehens sechsmonatliche bis einjährige Freiheitsstrafe verwirkt.

Gegen denjenigen, welcher im Grenz-Bezirke auf Nebenwegen oder zur Nachtzeit bei einer Kontrebande oder Defraudation mit Waffen betroffen wird, wird angenommen, daß er die Waffen zum Widerstande gegen die Beamten mit sich geführt habe, sofern nicht aus den Umständen hervorgeht oder der Beweis geführt wird, daß der Zweck der Führung der Waffen mit dem Vergehen in keinem Zusammenhange stehe.

Hat der Angeschuldigte sich der Waffen zum Widerstande gegen die Beamten wirklich bedient, so treten die nach den Landesgesetzen verwirkten Strafen ein.[11])

Den Waffen stehen andere gleich gefährliche Werkzeuge gleich.

§ 151. Die Verletzung des amtlichen Waarenverschlusses[12]) ohne Beabsichtigung einer Gefälle-Entziehung wird, wenn nicht nachgewiesen werden kann, daß dieselbe durch einen unverschuldeten Zufall entstanden ist, mit einer Geldstrafe bis zu 900 Mark geahndet.

§ 152. Die Uebertretung der Vorschriften dieses Gesetzes, sowie der in Folge derselben öffentlich bekannt gemachten Verwaltungs-

---

[11]) Vergl. §§ 113. 114. 118. 119 des St.G.B.

[12]) Vergl. §§ 144, 3. 159 (Anm. 10).

vorschriften wird, sofern keine besondere Strafe angedroht ist, mit einer Ordnungsstrafe bis zu 150 Mark geahndet.[13])

§ 160. Wer einem zur Wahrnehmung des Zoll-Interesses verpflichteten Beamten oder den Angehörigen desselben wegen einer zu dessen amtlichen Wirkungskreise gehörigen Handlung oder Unterlassung einer solchen Geschenke oder andere Vortheile anbietet, verspricht oder gewährt, wird, wenn solches den gesetzlichen Charakter der Bestechung hat, mit der Strafe der Bestechung,[14]) andernfalls mit einer Ordnungsstrafe bis zu 60 Mark belegt.

§ 161. Wer sich Handlungen oder Unterlassungen zu Schulden kommen läßt, wodurch ein solcher Beamter in der rechtmäßigen Ausübung seines Amtes verhindert wird, hat, insofern damit keine Beleidigung oder thätliche Widersetzlichkeit gegen die Person des Beamten verbunden ist, eine Geldbuße bis zu 150 Mark verwirkt.

Beleidigungen und thätliche Widersetzungen gegen einen zur Wahrnehmung des Zoll-Interesses verpflichteten Beamten bei rechtmäßiger Ausübung seines Amtes werden, sofern sie nicht unter die im § 148 Abs. 1 vorgesehenen gehören, nach den Landesgesetzen bestraft[15]).

§ 164. Die Vergehen der Kontrebande und der Defraudation (§§ 134 und 135) verjähren in drei Jahren, Ordnungswidrigkeiten (§§ 151 und 152) in Einem Jahre, von dem Tage an gerechnet, an welchem sie begangen sind.

Der Anspruch auf Nachzahlung defraudirter Gefälle verjährt in fünf Jahren.

---

2. Gesetze über die Erhebung der Salz-, Taback-, Zucker-, Branntwein- und Brausteuer.[1])

a. Gesetz, betr. die Erhebung einer Abgabe von Salz. 1867. October 11. — S. 41.

b. Gesetz, betr. die Erhebung einer Abgabe von der Branntweinbereitung in den Hohenzollernschen Landen. 1868. Mai 4. — S. 151.

---

[13]) Nach den §§ 137. 138 tritt eine solche Ordnungsstrafe namentlich dann ein, wenn zwar eine der behufs Erleichterung der Controlle gegebenen Vorschriften dieses Gesetzes übertreten, jedoch nachgewiesen ist, daß dabei eine Kontrebande oder Defraudation nicht beabsichtigt gewesen sei.

[14]) Vergl. § 333 des St. G. B.

[15]) Vergl. §§ 113. 196 des Str. G. B.

[1]) Die hier aufgeführten Gesetze sind sämmtlich — wie das Vereins-

c. Gesetz, betr. die Besteuerung des Tabacks. 1868. Mai 26. — S. 319.
d. Gesetz, betr. die Besteuerung des Branntweins in verschiedenen zum Norddeutschen Bunde gehörenden Staaten und Gebietstheilen. 1868. Juli 8. — S. 384.
e. Gesetz, betr. die subsidiarische Haftung des Brennerei-Unternehmers für Zuwiderhandlungen gegen die Branntwein-Steuer-Gesetze durch Verwalter, Gewerbsgehülfen und Hausgenossen. 1868. Juli 8. — S. 404.
f. Gesetz, betr. die Besteuerung des Zuckers. 1869. Juni 26. — S. 282.
g. Gesetz wegen Erhebung der Brausteuer. 1872. Mai 31. — S. 153.

---

3. Gesetz,

betreffend die Wechselstempelsteuer im Norddeutschen Bunde.[1]

Vom 10. Juni 1869.

(B.G.Bl. S. 193.)

§ 15. Die Nichterfüllung der Verpflichtung zur Entrichtung der Stempel-Abgabe wird mit einer Geldbuße bestraft, welche dem 50fachen Betrage der hinterzogenen Abgabe gleichkommt.

Diese Strafe ist besonders und ganz zu entrichten von Jedem, welcher

---

zollgesetz — nicht Reichsgesetze, sondern gelten nur für das Zollvereinsgebiet, resp. für einzelne Theile desselben. Es ist deshalb von einer genauen Wiedergabe der Strafbestimmungen dieser Gesetze abgesehen worden und mag nur erwähnt werden, daß in der Regel die Defraudation mit einer Geldstrafe, welche dem vierfachen, im Wiederholungsfalle dem achtfachen Betrage der defraudirten Gefälle gleichkommt, bestraft wird. Uebertretungen der sonstigen Vorschriften dieser Gesetze, insbesondere die Verletzung des amtlichen Verschlusses ohne Beabsichtigung einer Gefälle-Hinterziehung, werden mit Ordnungsstrafen von resp. 3—300 Mark bestraft. Ueber die Umwandlung der Geldstrafen in Freiheitsstrafen und über die Verjährung enthalten die obigen Gesetze sehr verschiedene Vorschriften (wegen der Verjährung vergl. § 7 des Einführungsgesetzes zum Str.G.B., 1870. S. 195).

[1]) Das Wechselstempelsteuer-Gesetz ist durch die Verfassung zum Reichsgesetz erhoben. Von den zahlreichen zu demselben erlassenen Bekanntmachungen kommen hier in Betracht: Die „Bekanntmachung zur Ausführung des Gesetzes, betreffend die Wechselstempelsteuer“ (1871. Juni 23. — S. 267) und die „Bekanntmachung, betreffend die Abänderung der Vorschriften über die Verwendung der Wechselstempelmarken“ 1873. Juli 11. — S. 295).

der nach den §§ 4 [2])—12 ihm obliegenden Verpflichtung zur Entrichtung der Stempel-Abgabe nicht rechtzeitig genügt hat, ingleichen von inländischen Maklern und Unterhändlern, welche wissentlich unversteuerte Wechsel verhandelt haben.

Die Verwandlung einer Geldbuße, zu deren Zahlung der Verpflichtete unvermögend ist, in eine Freiheitsstrafe findet nicht statt. Auch darf zur Beitreibung von Geldbußen ohne Zustimmung des Verurtheilten, insofern dieser ein Inländer ist, kein Grundstück subhastirt werden.

§ 16. Der Acceptant eines gezogenen und der Aussteller eines trockenen Wechsels können daraus, daß der Wechsel zur Zeit der Annahme-Erklärung, beziehungsweise der Aushändigung, mangelhaft gewesen sei, keinen Einwand gegen die gesetzlichen Folgen der Nichtversteuerung desselben entnehmen.

§ 17. Wechselstempel-Hinterziehungen (§ 15) verjähren in fünf Jahren, von dem Tage der Ausstellung des Wechsels an gerechnet. Die Verjährung wird durch jede auf Verfolgung der Hinterziehung gegen den Angeschuldigten gerichtete amtliche Handlung unterbrochen.

[§ 23. (Anfertigung und Gebrauch unechter oder schon einmal verwendeter Stempelmarken, bzw. Veräußernng derselben) ist ersetzt durch die §§ 275. 276. 364 des St.G.B.]

---

[2]) § 4: Für die Entrichtung der Abgaben sind der Bundescasse sämmtliche Personen, welche an dem Umlaufe des Wechsels im Bundesgebiete Theil genommen haben, solidarisch verhaftet.

[Durch die §§ 5—12 wird die Bestimmung des § 4 näher präcisirt (Ausnahmen: §§ 7. 8). Ueber die Steuerpflicht sonstiger Zahlungsversprechen (Assignationen rc.) vergl. § 24.]

III.

Münzwesen, Banken und Actiengesellschaften.

1. Münzgesetz.

Vom 9. Juli 1873. — (R.G.Bl. S. 233.)

Art. 13. Der Bundesrath ist befugt:

1) Den Werth zu bestimmen, über welchen hinaus fremde Gold- und Silbermünzen nicht in Zahlung angeboten und gegeben werden dürfen, sowie den Umlauf fremder Münzen gänzlich zu untersagen[1]);

2) — — — — — — — — — — — — —

Gewohnheitsmäßige oder gewerbsmäßige Zuwiderhandlungen gegen die vom Bundesrathe in Gemäßheit der Bestimmungen unter 1 getroffenen Anordnungen werden bestraft mit Geldstrafe bis zu 150 Mark oder mit Haft bis zu sechs Wochen.

---

2. Gesetz, betr. die Inhaberpapiere mit Prämien.

Vom 8. Juni 1871. — (R.G.Bl. S. 210.)

§. 6. Wer den Bestimmungen der §§ 1, 2 oder 3[1]) zuwiderhandelt, verfällt in eine Geldstrafe, welche dem fünften Theile des Nennwerthes

---

[1]) Auf Grund dieses Gesetzes „dürfen in Zahlung weder gegeben noch genommen werden":
laut Bek. v. 29. Juni 1874 (S. 111):
1. niederländische Halbguldenstücke;
2. österreichische und ungarische Viertelguldenstücke;
laut Bek. v. 16. Oct. 1874 (S. 126):
3. finnische Silbermünzen (Stücke zu 2 und zu 1 Markta und Stücke zu 50 und zu 25 Penniä);
laut Bek. v. 19. Dec. 1874 (S. 152):
4. die Münzen des Konventionsfußes österreichischen Gepräges;
5. folgende Münzen dänischen Gepräges:
die doppelten und die einfachen Rigsdaler;
die 48-, 32-, 16-, 8-, 4-, 3-Schillingstücke in Silber;
die 2-, 1-, ½-Schillingstücke in Kupfer;
laut Bek. v. 26. Febr. 1875 (S. 134):
6. die polnischen eindrittel und einsechstel Talarastücke.

[1]) Nach § 1 dürfen Inhaberpapiere mit Prämien innerhalb des

der den Gegenstand der Zuwiderhandlung bildenden Papiere gleichkommt, mindestens aber 300 Mark betragen soll.

Mit Geldstrafe bis zu 300 Mark oder Gefängniß bis zu drei Monaten wird bestraft, wer ein im § 2 oder § 3 bezeichnetes Inhaberpapier mit Prämie öffentlich ankündigt, ausbietet oder empfiehlt, oder zur Feststellung eines Kurswerthes notirt.

---

3. Gesetz,

betreffend die Ausgabe von Banknoten.

Vom 21. December 1874.

(R.G.Bl. S. 193.)

§ 2. Die Mitglieder des Vorstandes einer Bank werden, wenn die Bank den Vorschriften des § 1 zuwider Noten ausgiebt,[1]) mit einer Geldstrafe bestraft, welche dem Vierfachen des gesetzwidrig ausgegebenen Betrages gleichkommt, mindestens aber 1000 Mark beträgt.[2])

---

deutschen Reiches nur auf Grund eines Reichsgesetzes und nur zum Zweck der Anleihe eines Bundesstaates oder des Reiches ausgegeben werden. Vergl. auch § 286 des Str.G.B.

§ 2. Inhaberpapiere mit Prämien, welche nach Verkündigung des gegenwärtigen Gesetzes, der Bestimmung im § 1 zuwider, im Inlande ausgegeben sein möchten, ingleichen Inhaberpapiere mit Prämien, welche nach dem 30. April 1871 im Auslande ausgegeben sind, dürfen weder weiter begeben, noch an den Börsen, noch an anderen zum Verkehr mit Werthpapieren bestimmten Versammlungsorten zum Gegenstande eines Geschäfts oder einer Geschäftsvermittlung gemacht werden.

§ 3. Dasselbe gilt vom 15. Juli 1871 ab von ausländischen Inhaberpapieren mit Prämien, deren Ausgabe vor dem 1. Mai 1871 erfolgt ist, sofern dieselben nicht abgestempelt sind (§§ 4, 5).

[1]) § 1. Eine Bank, welche zur Ausgabe von Banknoten befugt ist, darf vom 1. Juli 1875 ab Banknoten, welche auf Beträge von 50 Mark oder darunter lauten, wenn dieselben von ihr ausgestellt sind, nicht ausgeben und, wenn sie von einer anderen Bank ausgestellt sind, nur an letztere in Zahlung geben oder bei derselben zur Einlösung präsentiren.

[2]) Man vergleiche: Bankgesetz § 55 (unbefugte Ausgabe von Banknoten) und § 59 al. 3 (Ueberschreitung des gestatteten Betrages von Banknoten).

Bankgesetz.

Vom 14. März 1875. — (R.G.Bl. S. 177.)

§ 55. Wer unbefugt Banknoten oder sonstige auf den Inhaber lautende unverzinsliche Schuldverschreibungen ausgiebt, wird mit einer Geldstrafe bestraft, welche dem Zehnfachen des Betrages der von ihm ausgegebenen Werthzeichen gleichkommt, mindestens aber 5000 Mark beträgt.

§ 56. Mit Geldstrafe bis zu 150 Mark wird bestraft, wer der Verbotsbestimmung des § 43 zuwider Noten inländischer Banken oder Noten oder sonstige Geldzeichen inländischer Korporationen außerhalb desjenigen Landesgebiets für welches dieselben zugelassen sind, zur Leistung von Zahlungen verwendet.[1])

§ 57. Mit Geldstrafe von 50 Mark bis zu 5000 Mark wird bestraft, wer der Verbotsbestimmung in § 11[2]) zuwider, ausländische Banknoten oder sonstige auf den Inhaber lautende unverzinsliche Schuldverschreibungen ausländischer Korporationen, Gesellschaften oder Privaten, welche ausschließlich oder neben anderen Werthbestimmungen in Reichswährung oder einer deutschen Landeswährung ausgestellt sind, zur Leistung von Zahlungen verwendet.

Geschieht die Verwendung gewerbsmäßig,[3]) so tritt neben der Geldstrafe Gefängniß bis zu einem Jahre ein. Der Versuch ist strafbar.

---

[1]) § 43. Die Noten einer Bank, welche sich bei Erlaß dieses Gesetzes im Besitze der Befugniß zur Notenausgabe befindet, dürfen außerhalb desjenigen Staates, welcher denselben diese Befugniß ertheilt hat, zu Zahlungen nicht gebraucht werden.

Der Umtausch solcher Noten gegen andere Banknoten, Papiergeld oder Münzen unterliegt diesem Verbote nicht.

[Durch Bekanntmachung vom 29. Dec. 1875 (S. 390) ist der § 43 zu Gunsten von elf, — durch Bekanntmachung vom 7. Jan. 1876 (S. 2) zu Gunsten von ferneren fünf daselbst verzeichneten Privat-Notenbanken als nicht anwendbar erklärt.]

[2]) § 11. Ausländische Banknoten oder sonstige auf den Inhaber lautende unverzinsliche Schuldverschreibungen ausländischer Korporationen, Gesellschaften oder Privaten dürfen, wenn sie ausschließlich oder neben anderen Werthbestimmungen in Reichswährung oder einer deutschen Landeswährung ausgestellt sind, innerhalb des Reichsgebietes zu Zahlungen nicht gebraucht werden.

[3]) Vergl. Münzgesetz Art. 13; Gesetz, betr. die Inhaberpapiere mit Prämien §§ 2, 3, 6.

§ 58. Mit Geldstrafe bis zu 5000 Mark wird bestraft, wer den Bestimmungen im § 42 zuwider für Rechnung von Banken, als Vorsteher von Zweiganstalten oder als Agent Bankgeschäfte betreibt oder mit Banken als Gesellschafter in Verbindung tritt.[4])

Die gleiche Strafe trifft die Mitglieder des Vorstandes einer Bank, welche den Bestimmungen des § 7 entgegenhandeln,[5]) oder welche dem Verbote des § 42 zuwider

a) Zweiganstalten oder Agenturen bestellen

oder

b) die von ihnen vertretene Bank als Gesellschafter an Bankhäusern betheiligen.

§ 59. Die Mitglieder des Vorstandes einer Bank werden:

1. wenn sie in den durch die Bestimmungen des § 8 vorgeschriebenen Veröffentlichungen wissentlich den Stand der Verhältnisse der Bank unwahr darstellen oder verschleiern, mit Gefängniß bis zu drei Monaten bestraft;[6])

---

[4]) § 42. Banken, welche sich bei Erlaß dieses Gesetzes im Besitze der Befugniß zur Notenausgabe befinden, dürfen außerhalb desjenigen Staates, welcher ihnen diese Befugniß ertheilt hat, Bankgeschäfte durch Zweiganstalten weder betreiben, noch durch Agenten für ihre Rechnung betreiben lassen, noch als Gesellschafter an Bankhäusern sich betheiligen.

Durch die Bekanntmachungen vom 29 Dec. 1875 (S. 390) und vom 7. Jan 1876 (S. 2) ist der § 42 zu Gunsten von zehn daselbst verzeichneten Privat-Notenbanken als nicht anwendbar erklärt.

[5]) § 7. Den Banken, welche Noten ausgeben, ist nicht gestattet:

1. Wechsel zu akzeptiren,
2. Waaren oder kurshabende Papiere für eigene oder für fremde Rechnung auf Zeit zu kaufen, oder auf Zeit zu verkaufen, oder für die Erfüllung solcher Kaufs- oder Verkaufsgeschäfte Bürgschaft zu übernehmen.

[6]) § 8. Abs. 1. Banken, welche Noten ausgeben, haben

1. den Stand ihrer Aktiva und Passiva vom 7., 15., 23. und Letzten jeden Monats spätestens am fünften Tage nach diesen Terminen, und
2. spätestens drei Monate nach dem Schlusse jedes Geschäftsjahres eine genaue Bilanz ihrer Aktiva und Passiva, sowie den Jahresabschluß des Gewinn- und Verlustkontos

durch den Reichsanzeiger auf ihre Kosten zu veröffentlichen. (Vergl. Gesetz betr. die Kommanditgesellschaften 2c. §§ 206, 3. 249, 3).

Im Abs. 2 des § 8 werden nähere Vorschriften über die Nachweise, welche diese Veröffentlichungen enthalten müssen, gegeben. Das Fehlen eines oder mehrerer dieser Nachweise wird eine Präsumtion für die Absicht der „Verschleierung" begründen.

2. wenn sie durch unrichtige Aufstellung der im § 10 vorgeschriebenen Nachweisungen den steuerpflichtigen Notenumlauf zu gering angeben, mit einer Geldstrafe bestraft, welche dem Zehnfachen der hinterzogenen Steuer gleichsteht, mindestens aber 500 Mark beträgt; [7])
3. wenn die Bank mehr Noten ausgiebt, als sie auszugeben befugt ist, mit einer Geldstrafe bestraft, welche dem Zehnfachen des zuviel ausgegebenen Betrages gleichkommt, mindestens aber 5000 Mark beträgt. [8])

Die Strafe zu 3 trifft auch die Mitglieder solcher Korporationen, welche zur Ausgabe von auf den Inhaber lautenden unverzinslichen Schuldverschreibungen befugt sind, wenn sie mehr solche Geldzeichen ausgeben, als die Korporation auszugeben befugt ist.

---

5. Gesetz,

betreffend die Kommanditgesellschaften auf Actien und die Actiengesellschaften. [1])

Vom 11. Juni 1870. — R.G.Bl. S. 375.

I. Von der Kommanditgesellschaft auf Actien.

(H.G.B. Buch II, Titel 2. Abschnitt 2.)

Art. 206. Die persönlich haftenden Mitglieder und die Mitglieder des Aufsichtsrathes werden mit Gefängniß bis zu drei Monaten bestraft:

1) wenn sie vorsätzlich Behufs der Eintragung des Gesellschafts-

---

[7]) Banken, deren Notenumlauf ihren Baarvorrath und einen bestimmten ihnen nach Maßgabe der Anlage zum Bankgesetz (S. 198) zugewiesenen Betrag übersteigt, haben nach § 9 von dem Ueberschuß eine Steuer von jährlich 5% an die Reichskasse zu entrichten. Zum Zweck der Feststellung der Steuer hat, nach § 10, die Verwaltung der Bank am 7., 15., 23. und Letzten jedes Monats den Betrag des Baarvorraths und der umlaufenden Noten der Bank festzustellen und diese Feststellung an die Aufsichtsbehörde einzureichen.

[8]) Man vergl. § 2 des Gesetzes vom 21. Dec. 1874, S. 31 (Ausgabe von Banknoten, welche auf Beträge von 50 Mark oder darunter lauten.)

[1]) Durch dieses Gesetz werden einige Artikel des Allgem. Deutschen Handelsgesetzbuches durch andere, den bisherigen Zifferzahlen entsprechende Artikel ersetzt.

vertrages in das Handelsregister falsche Angaben über die Zeichnung oder Einzahlung des Kapitals der Kommanditisten machen;

2) wenn durch ihre Schuld länger als drei Monate die Gesellschaft ohne Aufsichtsrath geblieben ist, oder in dem letzteren die zur Beschlußfähigkeit erforderliche Zahl von Mitgliedern gefehlt hat;

3) wenn sie in ihren Darstellungen, in ihren Uebersichten über den Vermögensstand der Gesellschaft oder in den in der Generalversammlung gehaltenen Vorträgen wissentlich den Stand der Verhältnisse der Gesellschaft unwahr darstellen oder verschleiern[2]).

Wird in den Fällen zu 2. und 3. festgestellt, daß mildernde Umstände vorhanden sind, so ist auf Geldstrafe bis zu 3000 Mark zu erkennen.

II. Von der Actiengesellschaft.

(H.G.B. Buch II, Tit. 3.)

Art. 249. Die Mitglieder des Aufsichtsrathes und des Vorstandes werden mit Gefängniß bis zu drei Monaten bestraft:

1) wenn sie vorsätzlich Behufs der Eintragung des Gesellschaftsvertrages in das Handelsregister falsche Angaben über die Zeichnung oder Einzahlung des Grundkapitals machen;

2) wenn durch ihre Schuld die Gesellschaft länger als drei Monate ohne Aufsichtsrath geblieben ist, oder in dem letzteren die zur Beschlußfähigkeit erforderliche Zahl von Mitgliedern gefehlt hat;

3) wenn sie in ihren Darstellungen, in ihren Uebersichten über den Vermögensstand der Gesellschaft oder in den in der Generalversammlung gehaltenen Vorträgen wissentlich den Stand der Verhältnisse der Gesellschaft unwahr darstellen oder verschleiern.[3])

Wird in den Fällen zu 2. und 3. festgestellt, daß mildernde Umstände vorhanden sind, so ist auf Geldstrafe bis zu 3000 Mark zu erkennen.

Art. 249a. Die Mitglieder des Vorstandes werden mit Gefängniß bis zu drei Monaten bestraft, wenn sie der Vorschrift des Artikels 240

---

[2]) Vergl. Bankgesetz § 59.
[3]) Vergl. Bankgesetz § 59.

zuwider dem Gericht die Anzeige zu machen unterlassen, daß das Vermögen der Gesellschaft nicht mehr die Schulden deckt.[4])

Die Strafe tritt nicht ein, wenn von ihnen nachgewiesen wird, daß die Anzeige ohne ihr Verschulden unterblieben ist.

IV.

Schutz des geistigen Eigenthums.

1. Gesetz,

betreffend das Urheberrecht an Schriftwerken, Abbildungen, musikalischen Kompositionen und dramatischen Werken.[1])

Vom 11. Juni 1870 — (R.G.Bl. S. 339.)

§ 18. Wer vorsätzlich oder aus Fahrlässigkeit einen Nachdruck (§§ 4 ff.) in der Absicht, denselben innerhalb oder außerhalb des Norddeutschen Bundes zu verbreiten, veranstaltet, ist den Urheber oder dessen Rechtsnachfolger zu entschädigen verpflichtet und wird außerdem mit einer Geldstrafe bis zu 3000 Mark bestraft.

Die Bestrafung des Nachdrucks bleibt jedoch ausgeschlossen, wenn der Veranstalter desselben auf Grund entschuldbaren, thatsächlichen oder rechtlichen Irrthums in gutem Glauben gehandelt hat.[2])

Kann die verwirkte Geldstrafe nicht beigetrieben werden, so wird

---

[4]) Wenn sich aus der letzten Bilanz ergiebt, daß das Vermögen der Gesellschaft nicht mehr die Schulden deckt, so muß nach Art. 240, Abs 2, der Vorstand hiervon dem Gericht Behufs der Eröffnung des Konkurses Anzeige machen.

[1]) Dies Gesetz ist als Reichsgesetz eingeführt in Südhessen, Württemberg und Baden: 1871; in Baiern: 1872. — Der Schutz der im Auslande erschienenen Werke bestimmt sich nach Maßgabe der von den Einzelstaaten geschlossenen Verträge. Nur mit der Schweiz ist vom Norddeutschen Bunde eine Uebereinkunft wegen gegenseitigen Schutzes der literarischen Erzeugnisse geschlossen (1869 Mai 13. — S. 624), die aber nicht auf das Deutsche Reich ausgedehnt ist (über die Strafen s. Art. 12 dieser Uebereinkunft). Außerdem genießen die in den Staaten des ehemaligen Deutschen Bundes erschienenen literarischen Erzeugnisse, unter der Voraussetzung der Gegenseitigkeit, den Schutz des Gesetzes betr. das Urheberrecht ꝛc. (s. § 62).

[2]) Vergl. § 59 des St.G.B.

dieselbe nach Maßgabe der allgemeinen Strafgesetze in eine entsprechende Freiheitsstrafe bis zu sechs Monaten umgewandelt.[3])

Statt jeder aus diesem Gesetze entspringenden Entschädigung kann auf Verlangen des Beschädigten neben der Strafe auf eine an den Beschädigten zu erlegende Geldbuße bis zum Betrage von 6000 Mark erkannt werden. Für diese Buße haften die zu derselben Verurtheilten als Gesammtschuldner.

Eine erkannte Buße schließt die Geltendmachung eines weiteren Entschädigungsanspruches aus.

Wenn den Veranstalter des Nachdrucks kein Verschulden trifft, so haftet er dem Urheber oder dessen Rechtsnachfolger für den entstandenen Schaden nur bis zur Höhe seiner Bereicherung.

§ 19. Darüber, ob ein Schaden entstanden ist, und wie hoch sich derselbe beläuft, desgleichen über den Bestand und die Höhe einer Bereicherung, entscheidet das Gericht unter Würdigung aller Umstände nach freier Ueberzeugung.

§ 20. Wer vorsätzlich oder aus Fahrlässigkeit einen Andern zur Veranstaltung eines Nachdrucks veranlaßt, hat die im § 18 festgesetzte Strafe verwirkt, und ist den Urheber oder dessen Rechtsnachfolger nach Maßgabe der §§ 18 und 19 zu entschädigen verpflichtet, und zwar selbst dann,[4]) wenn der Veranstalter des Nachdrucks nach § 18 nicht strafbar oder ersatzverbindlich sein sollte.

Wenn der Veranstalter des Nachdrucks ebenfalls vorsätzlich oder aus Fahrlässigkeit gehandelt hat, so haften Beide dem Berechtigten solidarisch.

Die Strafbarkeit und die Ersatzverbindlichkeit der übrigen Theilnehmer am Nachdruck richtet sich nach den gesetzlichen Vorschriften.

§ 21. Die vorräthigen Nachdrucks-Exemplare und die zur widerrechtlichen Vervielfältigung ausschließlich bestimmten Vorrichtungen, wie Formen, Platten, Steine, Stereotypabgüsse rc., unterliegen der Einziehung.[5]) Dieselben sind, nachdem die Einziehung dem Eigenthümer gegenüber rechtskräftig erkannt ist, entweder zu vernichten oder

---

[3]) Nach § 28 des St.G.B. kann die Geldstrafe in Haft umgewandelt werden, wenn die erkannte Strafe nicht den Betrag von 600 Mark und die an ihre Stelle tretende Freiheitsstrafe nicht den Betrag von 6 Wochen übersteigt. In allen anderen Fällen ist auf Gefängniß zu erkennen.

[4]) Vergl. dagegen § 48 des St.G.B.

[5]) Vergl. §§ 41. 42 des St.G.B.

ihrer gefährdenden Form zu entkleiden und alsdann dem Eigenthümer zurückzugeben.

Wenn nur ein Theil des Werkes als Nachdruck anzusehen ist, so erstreckt sich die Einziehung nur auf den als Nachdruck erkannten Theil des Werkes und die Vorrichtungen zu diesem Theil.

Die Einziehung erstreckt sich auf alle diejenigen Nachdrucks-Exemplare und Vorrichtungen, welche sich im Eigenthum des Veranstalters des Nachdrucks, des Druckers, der Sortimentsbuchhändler, der gewerbsmäßigen Verbreiter und desjenigen, welcher den Nachdruck veranlaßt hat (§ 20), befinden.

Die Einziehung tritt auch dann ein, wenn der Veranstalter oder Veranlasser des Nachdrucks weder vorsätzlich noch fahrlässig gehandelt hat (§ 18). Sie erfolgt auch gegen die Erben desselben.

Es steht dem Beschädigten frei, die Nachdrucks-Exemplare und Vorrichtungen ganz oder theilweise gegen die Herstellungskosten zu übernehmen, insofern nicht die Rechte eines Dritten dadurch verletzt oder gefährdet werden.

§ 22. Das Vergehen des Nachdrucks ist vollendet, sobald ein Nachdrucks-Exemplar eines Werkes den Vorschriften des gegenwärtigen Gesetzes zuwider, sei es im Gebiete des Norddeutschen Bundes,[6]) sei es außerhalb desselben, hergestellt worden ist.

Im Falle des bloßen Versuches des Nachdrucks tritt weder eine Bestrafung, noch eine Entschädigungsverbindlichkeit des Nachdruckers ein. Die Einziehung der Nachdrucksvorrichtungen (§ 21) erfolgt auch in diesem Falle.

§ 23. Wegen Rückfalls findet eine Erhöhung der Strafe über das höchste gesetzliche Maaß (§ 18) nicht statt.

§ 24. Wenn in den Fällen des § 7 Littr. a.[7]) die Angabe der Quelle oder des Namens des Urhebers vorsätzlich oder aus

---

[6]) s. Anm. 1.

[7]) § 7. Als Nachdruck ist nicht anzusehen: a) das wörtliche Anführen einzelner Stellen oder kleinerer Theile eines bereits veröffentlichten Werkes oder die Aufnahme bereits veröffentlichter Schriften von geringerem Umfang in ein größeres Ganzes, sobald dieses nach seinem Hauptinhalt ein selbstständiges wissenschaftliches Werk ist, sowie in Sammlungen, welche aus Werken mehrerer Schriftsteller zum Kirchen-, Schul- und Unterrichtsgebrauch oder zu einem eigenthümlichen literarischen Zwecke veranstaltet werden. Vorausgesetzt ist jedoch, daß der Urheber oder die benutzte Quelle angegeben ist.

Fahrlässigkeit unterlassen wird, so haben der Veranstalter und der Veranlasser des Abdrucks eine Geldstrafe bis zu 60 Mark verwirkt.

Eine Umwandlung der Geldstrafe in Freiheitsstrafe findet nicht statt.

Eine Entschädigungspflicht tritt nicht ein.

§ 25. Wer vorsätzlich Exemplare eines Werkes, welche den Vorschriften des gegenwärtigen Gesetzes zuwider angefertigt worden sind, innerhalb oder außerhalb des Norddeutschen Bundes[8]) gewerbemäßig feilhält, verkauft, oder in sonstiger Weise verbreitet, ist nach Maßgabe des von ihm verursachten Schadens den Urheber oder dessen Rechtsnachfolger zu entschädigen verpflichtet und wird außerdem mit Geldstrafe nach § 18 bestraft.

Die Einziehung der zur gewerbemäßigen Verbreitung bestimmten Nachdrucks-Exemplare nach Maßgabe des § 21 findet auch dann statt, wenn der Verbreiter nicht vorsätzlich gehandelt hat.

Der Entschädigungspflicht, sowie der Bestrafung wegen Verbreitung unterliegen auch der Veranstalter und Veranlasser des Nachdrucks, wenn sie nicht schon als solche entschädigungspflichtig und strafbar sind.

§ 26. Sowohl die Entscheidung über den Entschädigungsanspruch, als auch die Verhängung der im gegenwärtigen Gesetze angedrohten Strafen und die Einziehung der Nachdrucks-Exemplare ꝛc. gehört zur Kompetenz der ordentlichen Gerichte.

Die Einziehung der Nachdrucks-Exemplare ꝛc. kann sowohl im Strafrechtswege beantragt, als im Civilrechtswege verfolgt werden.

§ 27. Das gerichtliche Strafverfahren ist nicht von Amtswegen, sondern nur auf den Antrag des Verletzten einzuleiten. Der Antrag auf Bestrafung kann bis zur Verkündigung eines auf Strafe lautenden Erkenntnisses zurückgenommen werden.

§ 28. Die Verfolgung des Nachdrucks steht Jedem zu, dessen Urheber- oder Verlagsrechte durch widerrechtliche Vervielfältigung beeinträchtigt oder gefährdet sind.

Bei Werken, welche bereits veröffentlicht sind, gilt bis zum Gegenbeweise derjenige als Urheber, welcher nach Maaßgabe des § 11. Abs. 1. 2 auf dem Werke als Urheber angegeben ist.

Bei anonymen und pseudonymen Werken ist der Herausgeber, und wenn ein solcher nicht angegeben ist, der Verleger berechtigt, die dem Urheber zustehenden Rechte wahrzunehmen. Der auf dem Werke

---

8) s. Anm. 1.

angegebene Verleger gilt ohne weiteren Nachweis als der Rechtsnachfolger des anonymen oder pseudonymen Urhebers.

§ 29. In den Rechtsstreitigkeiten wegen Nachdrucks, einschließlich der Klagen wegen Bereichernng aus dem Nachdruck, hat der Richter, ohne an positive Regeln über die Wirkung der Beweismittel gebunden zu sein, den Thatbestand nach seiner freien, aus dem Inbegriff der Verhandlungen geschöpften Ueberzeugung festzustellen.

Ebenso ist der Richter bei Entscheidung der Frage: ob der Nachdrucker oder der Veranlasser des Nachdrucks (§§ 18. 20) fahrlässig gehandelt hat, an die in den Landesgesetzen vorgeschriebenen verschiedenen Grade der Fahrlässigkeit nicht gebunden.

§ 30. Sind technische Fragen, von welchen der Thatbestand des Nachdrucks oder der Betrag des Schadens oder der Bereicherung abhängt, zweifelhaft oder streitig, so ist der Richter befugt, das Gutachten Sachverständiger einzuholen.

§ 31. In allen Staaten des Norddeutschen Bundes sollen aus Gelehrten, Schriftstellern, Buchhändlern und anderen geeigneten Personen Sachverständigen-Vereine gebildet werden, welche, auf Erfordern des Richters, Gutachten über die an sie gerichteten Fragen abzugeben aerpflichtet sind. Es bleibt den einzelnen Staaten überlassen, sich zu diesem Behufe an andere Staaten des Norddeutschen Bundes anzuschließen, oder auch mit denselben sich zur Bildung gemeinschaftlicher Sachverständigen-Vereine zu verbinden.

Die Sachverständigen-Vereine sind befugt, auf Anrufen der Betheiligten über streitige Entschädigungsansprüche und die Einziehung nach Maaßgabe der §§ 18—21 als Schiedsrichter zu verhandeln und zu entscheiden.

Das Bundeskanzler-Amt erläßt die Instruktion über die Zusammensetzung und den Geschäftsbetrieb der Sachverständigen-Vereine.

§ 32. Die in den §§ 12 und 13 des Gesetzes, betreffend die Errichtung eines obersten Gerichtshofes für Handelssachen vom 12. Juni 1869 (Bundesgesetzbl. S. 201), geregelte Zuständigkeit des Bundes-Oberhandelsgerichts zu Leipzig wird auf diejenigen bürgerlichen Rechtsstreitigkeiten ausgedehnt, in welchen auf Grund der Bestimmungen dieses Gesetzes durch die Klage ein Entschädigungsanspruch oder ein Anspruch auf Einziehung geltend gemacht wird.

Das Bundes-Oberhandelsgericht tritt auch in den nach den Bestimmungen dieses Gesetzes zu beurtheilenden Strafsachen an die Stelle des für das Gebiet, in welchem die Sache in erster Instanz anhängig geworden ist, nach den Landesgesetzen bestehenden obersten Gerichtshofes, und zwar mit derjenigen Zuständigkeit, welche nach diesen Landesgesetzen dem obersten Gerichtshofe gebührt.

In den zufolge der vorstehenden Bestimmung zur Zuständigkeit des Bundes-Oberhandelsgerichts gehörenden Strafsachen bestimmt sich das Verfahren auch bei diesem Gerichtshofe nach den für das Gebiet, aus welchem die Sache an das Bundes-Oberhandelsgericht gelangt, geltenden Strafprozeßgesetzen. Die Verrichtungen der Staatsanwaltschaft in diesen Strafsachen werden bei dem Bundes-Oberhandelsgericht von dem Staatsanwalt wahrgenommen, welcher dieselben bei dem betreffenden obersten Landesgerichtshofe wahrzunehmen hat. Der bezeichnete Staatsanwalt kann sich jedoch bei der mündlichen Verhandlung durch einen in Leipzig angestellten Staatsanwalt oder durch einen in Leipzig wohnenden Advokaten vertreten lassen.

Strafsachen, für welche in letzter Instanz das Bundes-Oberhandelsgericht zuständig ist, und Strafsachen, für welche in letzter Instanz der oberste Landesgerichtshof zuständig ist, können in Einem Strafverfahren nicht verbunden werden.

Die Bestimmungen der §§ 10. 12 Absatz 2, § 16 Absatz 2, §§ 17. 18. 21 und 22 des Gesetzes vom 12. Juni 1869 finden auch auf die zur Zuständigkeit des Bundes-Oberhandelsgerichts gehörenden Strafsachen entsprechende Anwendung.

§ 33. Die Strafverfolgung des Nachdrucks und die Klage auf Entschädigung wegen Nachdrucks, einschließlich der Klage wegen Bereicherung (§ 18), verjähren in drei Jahren.

Der Lauf der Verjährung beginnt mit dem Tage, an welchem die Verbreitung der Nachdrucks-Exemplare zuerst stattgefunden hat.

§ 34. Die Strafverfolgung der Verbreitung von Nachdrucks-Exemplaren und die Klage auf Entschädigung wegen dieser Verbreitung (§ 25) verjähren ebenfalls in drei Jahren.

Der Lauf der Verjährung beginnt mit dem Tage, an welchem die Verbreitung zuletzt stattgefunden hat.

§ 35 Der Nachdruck und die Verbreitung von Nachdrucks-Exemplaren sollen straflos bleiben, wenn der zum Strafantrage Berechtigte den Antrag binnen drei Monaten nach erlangter Kenntniß von dem begangenen Vergehen und von der Person des Thäters zu machen unterläßt.[9])

§ 36. Der Antrag auf Einziehung und Vernichtung der Nach-

[9]) vergl. § 61 des St.G.B.

drucks-Exemplare, sowie der zur widerrechtlichen Vervielfältigung ausschließlich bestimmten Vorrichtungen (§ 21), ist so lange zulässig, als solche Exemplare und Vorrichtungen vorhanden sind.

§ 37. Die Uebertretung, welche dadurch begangen wird, daß in den Fällen des § 7 Littr. a.[10]) die Angabe der Quelle oder des Namens des Urhebers unterblieben ist, verjährt in drei Monaten.

Der Lauf der Verjährung beginnt mit dem Tage, an welchem der Abdruck zuerst verbreitet worden ist.

§ 38. Die allgemeinen gesetzlichen Vorschriften bestimmen, durch welche Handlungen die Verjährung unterbrochen wird.

Die Einleitung des Strafverfahrens unterbricht die Verjährung der Entschädigungsklage nicht, und eben so wenig unterbricht die Anstellung der Entschädigungsklage die Verjährung des Strafverfahrens.

§ 54. Wer vorsätzlich oder aus Fahrlässigkeit ein dramatisches, musikalisches oder dramatisch-musikalisches Werk vollständig oder mit unwesentlichen Aenderungen unbefugter Weise öffentlich aufführt, ist den Urheber oder dessen Rechtsnachfolger zu entschädigen verpflichtet und wird außerdem mit einer Geldstrafe nach Maaßgabe der §§ 18 und 23 bestraft.

Auf den Veranlasser der unbefugten Aufführung findet der § 20 mit der Maaßgabe Anwendung, daß die Höhe der Entschädigung nach § 55 zu bemessen ist.[11])

§ 56. Die Bestimmungen in den §§ 26 bis 42 finden auch in Betreff der Aufführung von dramatischen, musikalischen und dramatisch-musikalischen Werken Anwendung.

---

[10]) s. Anm. 7.

[11]) § 55. Die Entschädigung, welche dem Berechtigten im Falle des § 54 zu gewähren ist, besteht in dem ganzen Betrage der Einnahme von jeder Aufführung ohne Abzug der auf dieselbe verwendeten Kosten.

Ist das Werk in Verbindung mit anderen Werken aufgeführt worden, so ist, unter Berücksichtigung der Verhältnisse, ein entsprechender Theil der Einnahme als Entschädigung festzusetzen.

Wenn die Einnahme nicht zu ermitteln oder eine solche nicht vorhanden ist, so wird der Betrag der Entschädigung vom Richter nach freiem Ermessen festgestellt.

Trifft den Veranstalter der Aufführung kein Verschulden, so haftet er dem Berechtigten auf Höhe seiner Bereicherung.

2. Gesetz,

betr. das Urheberrecht an Werken der bildenden Künste. [1] [2]

Vom 9. Jan. 1876. — (R.G.Bl. S. 4.)

§ 6. Als verbotene Nachbildung ist nicht anzusehen:

1) die Einzelkopie eines Werkes der bildenden Künste, sofern dieselbe ohne die Absicht der Verwerthung angefertigt wird. Es ist jedoch verboten, den Namen oder das Monogramm des Urhebers des Werkes in irgend einer Weise auf der Einzelkopie anzubringen, widrigenfalls eine Geldstrafe bis zu 500 Mark verwirkt ist.

---

3. Gesetz,

betreffend den Schutz der Photographieen gegen unbefugte Nachbildung. [3]

Vom 10. Jan. 1876. — (R.G.Bl. S. 8.)

---

4. Gesetz,

betreffend das Urheberrecht an Mustern und Modellen. [4]

Vom 11. Jan. 1876. — (R.G.Bl. S. 11.)

---

[1]) Für das Verhältniß zum Auslande kommt in Betracht die Uebereinkunft mit der Schweiz vom 13. Mai 1869 (S. 624), welche jedoch nur für die Staaten des ehemaligen Norddeutschen Bundes Gültigkeit hat. Im Uebrigen sind die von den Einzelstaaten geschlossenen Verträge maßgebend.

[2]) § 16. Die Bestimmungen in den §§ 18—42 des Gesetzes vom 11. Juni 1870, betreffend das Urheberrecht an Schriftwerken 2c. finden auch auf die Nachbildung an Werken der bildenden Künste entsprechende Anwendung.

[3]) § 9. Die Bestimmungen in den §§ 18 bis 38, 44, 61 Absatz 1 des Gesetzes vom 11. Juni 1870, betreffend das Urheberrecht an Schriftwerken 2c., finden auch Anwendung auf das ausschließliche Nachbildungs- und Vervielfältigungsrecht des Verfertigers photographischer Werke.

[4]) § 14. Die Bestimmungen in den §§ 18—36, 38 des Gesetzes vom 11. Juni 1870, betreffend das Urheberrecht an Schriftwerken 2c., finden auch auf das Urheberrecht an Mustern und Modellen mit der Maßgabe entsprechende Anwendung, daß die vorräthigen Nachbildungen und die zur widerrechtlichen Vervielfältigung bestimmten Vorrichtungen nicht vernichtet, sondern auf Kosten des Eigenthümers und nach Wahl desselben entweder ihrer gefährdenden Form entkleidet, oder bis zum Ablauf der Schutzfrist amtlich aufbewahrt werden.

5. Gesetz über Markenschutz.

Vom 30. Nov. 1874. — (R.G.Bl. S. 143.)

§ 14. Wer Waaren oder deren Verpackung wissentlich mit einem nach Maßgabe dieses Gesetzes zu schützenden Waarenzeichen[1]), oder mit dem Namen oder der Firma[2]) eines inländischen Producenten oder Handeltreibenden widerrechtlich bezeichnet, oder wissentlich dergleichen widerrechtlich bezeichnete Waaren in Verkehr bringt oder feilhält, wird mit Geldstrafe von 150 bis 3000 Mark oder mit Gefängniß bis zu sechs Monaten bestraft und ist dem Verletzten zur Entschädigung verpflichtet.

Die Strafverfolgung tritt nur auf Antrag ein.[3])

§ 15. Statt jeder aus diesem Gesetze entspringenden Entschädigung kann auf Verlangen des Beschädigten neben der Strafe auf eine an

---

[1]) Den gesetzlichen Schutz genießen alle inländischen Waarenzeichen, deren Eintragung im „Deutschen Reichsanzeiger" bekannt gemacht ist, falls nicht nachgewiesen wird, daß die Eintragung gelöscht ist oder doch zur Zeit der Begehung des Vergehens bereits hätte gelöscht sein sollen.

Denselben Schutz genießen die Waarenzeichen ausländischer Gewerbetreibender dann, wenn sie unter den Bedingungen des § 20 bei dem Handelsgerichte in Leipzig angemeldet sind, was ebenfalls im „Deutschen Reichsanzeiger" bekannt gemacht wird.

[2]) Die widerrechtliche Anwendung der Namen oder Firmen ausländischer Producenten oder Handeltreibenden wird nach Maßgabe des § 14 bestraft, wenn in den Staaten, wo ihre Niederlassung sich befindet, nach einer in dem Reichs-Gesetzblatt enthaltenen Bekanntmachung deutsche Waarenzeichen, Namen und Firmen einen Schutz genießen. Dergleichen Bekanntmachungen sind veröffentlicht mit Bezug auf Belgien (1875, S. 301), Großbritannien (1875, S. 199), Italien (1875, S. 200), Luxemburg (1876, S. 169), Nordamerika (1871, S. 106), Oesterreich (1875, S. 259), Portugal (1872, S. 258), Rußland (1873, S. 337), Schweden (1872, S. 393). Ein zwischen Spanien und dem Norddeutschen Bunde geschlossener Vertrag ist auf das Deutsche Reich ausgedehnt (1872, S. 211), nicht so ein zwischen dem Norddeutschen Bunde und der Schweiz geschlossener Vertrag (1869, S. 606). Für das Verhältniß zu Frankreich sind maßgebend die zwischen den einzelnen Deutschen Staaten und Frankreich geschlossenen Verträge (1872, S. 19; 1873, S. 365).

[3]) Da das Gesetz über die Verjährung des Antrages keine besondere Bestimmung enthält, kommt der § 61 des St.G.B. zur Anwendung. Die Zurücknahme des Antrags ist zulässig, da der § 64 des St.G.B. in seiner durch die Revision veränderten Fassung eine rückwirkende Kraft für dieses Gesetz nicht haben kann.

ihn zu erlegende Buße bis zu 5000 Mark erkannt werden. Für diese Buße haften die zu derselben Verurtheilten als Gesammtschuldner.

Die erkannte Buße schließt die Geltendmachung eines weiteren Entschädigungsanspruchs aus.

§ 16. Darüber, ob ein Schaden entstanden ist, und wie hoch sich derselbe beläuft, entscheidet das Gericht unter Würdigung aller Umstände nach freier Ueberzeugung.

§ 17. Erfolgt eine Verurtheilung auf Grund des § 14, so ist auf Antrag des Verletzten bezüglich der im Besitze des Verurtheilten befindlichen Waaren auf Vernichtung der Zeichen auf der Verpackung oder den Waaren, oder, wenn die Beseitigung der Zeichen in anderer Weise nicht möglich ist, auf Vernichtung der Verpackung oder der Waaren selbst zu erkennen.

Erfolgt die Verurtheilung im Strafverfahren, so ist dem Verletzten die Befugniß zuzusprechen, die Verurtheilung auf Kosten des Verurtheilten öffentlich bekannt zu machen. Die Art der Bekanntmachung, sowie die Frist zu derselben ist in dem Urtheil zu bestimmen.

§ 18. Der dem Inhaber eines Waarenzeichens, eines Namens oder einer Firma nach Inhalt dieses Gesetzes gewährte Schutz wird dadurch nicht ausgeschlossen, daß das Waarenzeichen, der Name oder die Firma mit Abänderungen wiedergegeben sind, welche nur durch Anwendung besonderer Aufmerksamkeit wahrgenommen werden können.

V.

Seewesen.

Gesetz,

betreffend die Nationalität der Kauffahrteischiffe und ihre Befugniß zur Führung der Bundesflagge.

Vom 25. October 1867. — (B.G.Bl. S. 35.)

§ 13. Wenn ein Schiff, welches gemäß der Bestimmung des § 2[1] zur Führung der Bundesflagge nicht berechtigt ist, unter der

---

[1]) § 2 Abs. 1. Zur Führung der Bundesflagge sind die Kauffahrteischiffe nur dann berechtigt, wenn sie in dem ausschließlichen Eigenthum solcher Personen sich befinden, welchen das Bundesindigenat (Art. 3 der Bundesverfassung) zusteht.

Bundesflagge fährt, so hat der Führer des Schiffes Geldbuße bis zu 1500 Mark oder Gefängnißstrafe bis zu sechs Monaten verwirkt; auch kann auf Konfiskation des Schiffes erkannt werden.

§ 14. Wenn ein Schiff, welches gemäß § 10 sich der Führung der Bundesflagge enthalten muß, weil die Eintragung in das Schiffsregister oder die Ausfertigung des Schiffscertifikats noch nicht erfolgt ist, unter der Bundesflagge fährt, so hat der Führer des Schiffes Geldbuße bis zu 300 Mark oder verhältnißmäßige Gefängnißstrafe verwirkt, sofern er nicht nachweist, daß der unbefugte Gebrauch der Bundesflagge ohne sein Verschulden geschehen sei.

§ 15. Die im § 14 angedrohte Strafe hat auch derjenige verwirkt, welcher eine nach den Bestimmungen des § 12 [2]) ihm obliegende Verpflichtung binnen der sechswöchentlichen Frist nicht erfüllt, sofern er nicht beweist, daß er ohne sein Verschulden außer Stande gewesen sei, dieselbe zu erfüllen. Die Strafe tritt nicht ein, wenn vor Ablauf der Frist die Verpflichtung von einem Mitverpflichteten erfüllt ist. Die Strafe wird gegen denjenigen verdoppelt, welcher die Verpflichtung auch binnen sechs Wochen nach Ablauf des Tages, an welchem das ihn verurtheilende Erkenntniß rechtskräftig geworden ist, zu erfüllen versäumt.

Gesetz,

betreffend die Registrirung und die Bezeichnung der Kauffahrteischiffe.

Vom 28. Juni 1873. — (R.G.Bl. S. 184.)

§ 4. Im Falle einer Zuwiderhandlung gegen die Vorschriften des § 3 [1]) [2]) hat der Führer des Schiffes Geldstrafe bis zu 150 Mark oder Haft verwirkt.

---

[2]) Nach § 12 sind die Thatsachen, welche gemäß § 11 eine Eintragung oder die Löschung im Schiffsregister erforderlich machen, namentlich der Untergang des Schiffes oder eine Veränderung in der Person oder Nationalität des Rheders, von dem Rheder, resp. von dem neuen Erwerber des Schiffes oder der Schiffspart, binnen sechs Wochen nach Ablauf des Tages, an welchem er von ihnen Kenntniß erlangt hat, der Registerbehörde anzuzeigen und glaubhaft nachzuweisen (s. auch § 6).

[1]) § 3. Jedes in das Schiffsregister eingetragene Schiff muß
1) seinen Namen auf jeder Seite des Bugs
und

Verordnung
zur Verhütung des Zusammenstoßens der Schiffe auf See.[1])
Vom 23. December 1871. — (R.G.Bl. S. 475.)

Seemannsordnung.
Vom 27. December 1872. — (R.G.Bl. S. 409.)

A. Vergehen.

§ 81. Abs. 2.[2]) Wenn ein Schiffsmann, um sich der Fortsetzung des Dienstes zu entziehen, entläuft oder sich verborgen hält, so tritt Geldstrafe bis zu 300 Mark oder Gefängnißstrafe bis zu drei Monaten ein.[3]) Die Verfolgung tritt nur auf Antrag ein.

§ 81. Abs. 3. Ein Schiffsmann, welcher mit der Heuer entläuft oder sich verborgen hält, um sich der übernommenen Dienste zu

---

2) seinen Namen und den Namen des Heimathshafens am Heck an den festen Theilen in gut sichtbaren und fest angebrachten Schriftzeichen führen (vergl. Anm. 2.)

[2]) Vorschriften über die Registrirung und die Bezeichnung der Kauffahrteischiffe vom 13. November 1873. (R.G.Bl. S. 367.)

§ 5. Die nach § 3 des Gesetzes vom 28. Juni 1873 von den Schiffen zu führenden Namen sind hell auf dunkelem Grunde in lateinischer Druckschrift von solcher Größe anzubringen, daß

1) die Höhe der kleinsten Buchstaben
   bei Schiffen unter 300 Kubikmeter Nettoraumgehalt mindestens 5 Zentimeter,
   bei Schiffen von 300 bis 1000 Kubikmeter Nettoraumgehalt mindestens 7,5 Zentimeter,
   bei Schiffen von 1000 Kubikmeter Nettoraumgehalt und darüber mindestens 10 Zentimeter, und
2) die Breite der die Buchstaben bildenden Grundstriche mindestens $1/5$ der Höhe der Buchstaben beträgt.

[1]) Diese Verordnung enthält keine besondern Strafbestimmungen, sondern ist in Ausführung des § 145 des St.G.B. erlassen und kommt nur auf Grund dieses § zur Anwendung.

[2]) Abs. 1 s. unter „Uebertretungen".

[3]) Diese Bestimmung kommt nur dann zur Anwendung, wenn der entlaufene Schiffsmann noch keine Heuer empfangen, oder die (etwa als Handgeld) empfangene Heuer bereits abverdient hat. Andernfalls wird er nach § 81, Abs. 3 bestraft. — Vergl. übrigens §§ 61, 1 u. 3. 83. S.O.

entziehen, wird mit der im § 298[4]) des Strafgesetzbuchs angedrohten Gefängnißstrafe bis zu einem Jahre belegt.[5])

§ 86. Ein Schiffsmann, welcher den wiederholten[6]) Befehlen des Schiffers oder eines andern Vorgesetzten den schuldigen Gehorsam verweigert, wird mit Gefängniß bis zu drei Monaten oder mit Geldstrafe bis zu 300 Mark bestraft.

§ 87. Wenn zwei oder mehrere zur Schiffsmannschaft gehörige Personen dem Schiffer oder einem anderen Vorgesetzten den schuldigen Gehorsam auf Verabredung gemeinschaftlich[7]) verweigern, so tritt gegen jeden Betheiligten Gefängnißstrafe bis zu einem Jahre ein. Der Rädelsführer wird mit Gefängniß bis zu drei Jahren bestraft.

Sind mildernde Umstände vorhanden, so kann auf Geldstrafe bis zu 600 Mark erkannt werden. Der Rädelsführer[8]) wird mit Gefängniß bis zu zwei Jahren bestraft.

§ 88. Ein Schiffsmann, welcher zwei oder mehrere zur Schiffsmannschaft gehörige Personen zur Begehung einer nach den §§ 87 und 91 strafbaren Handlung auffordert, ist gleich dem Anstifter[9]) zu bestrafen, wenn die Aufforderung die strafbare Handlung oder einen Versuch derselben zur Folge gehabt hat.

Ist die Aufforderung ohne Erfolg[10]) geblieben, so tritt im Falle des § 87 Geldstrafe bis zu 300 Mark, im Falle des § 91

---

[4]) St. G. B. § 298. Ein Schiffsmann, welcher mit der Heuer entläuft, oder sich verborgen hält, um sich dem übernommenen Dienste zu entziehen, wird, ohne Unterschied, ob das Vergehen im Inlande oder im Auslande begangen worden ist, mit Gefängniß bis zu einem Jahre bestraft.

[5]) Wenn sich feststellen läßt, daß der Schiffsmann bereits bei Abschluß des Heuervertrages die Absicht hatte, nach Empfang der Heuer oder eines Theils derselben sich dem übernommenen Dienste zu entziehen, so kann er nach § 263 des St. G. B. wegen Betrugs bestraft werden.

[6]) Der einfache Ungehorsam wird als Uebertretung nach § 84 al. 2 bestraft.

[7]) vergl. § 47 des St.G.B.

[8]) Der Begriff des Rädelsführers ist in der S.O. nirgends definirt, doch ist derselbe zu unterscheiden von dem Anstifter. Vergl. § 88 d. S.O.

[9]) vergl. § 48 des St.G.B. — Wenn der Anstifter nach gelungner Anstiftung die Anführung der Meuterei übernimmt, so ist er als Rädelsführer nach § 87 zu bestrafen.

[10]) vergl. § 49. a des St.G.B.

Geldstrafe bis zu 600 Mark oder Gefängniß bis zu einem Jahre ein.

§ 89. Ein Schiffsmann, welcher es unternimmt, den Schiffer oder einen anderen Vorgesetzten durch Gewalt oder durch Bedrohung mit Gewalt oder durch Verweigerung der Dienste zur Vornahme oder zur Unterlassung einer dienstlichen Verrichtung zu nöthigen,[11]) wird mit Gefängniß bis zu zwei Jahren bestraft. Sind mildernde Umstände vorhanden, so kann auf Geldstrafe bis zu 600 Mark erkannt werden.

§ 90. Dieselben Strafbestimmungen (§ 89) finden auf den Schiffsmann Anwendung, welcher es unternimmt, dem Schiffer oder einem andern Vorgesetzten durch Gewalt oder durch Bedrohung mit Gewalt Widerstand zu leisten oder den Schiffer oder einen anderen Vorgesetzten thätlich anzugreifen.[12])

§ 91. Wenn eine der in den §§ 89, 90 bezeichneten Handlungen von mehreren Schiffsleuten auf Verabredung gemeinschaftlich[13]) begangen wird, so kann die Strafe auf das Doppelte des angedrohten Höchstbetrages erhöht werden.

Der Rädelsführer, sowie diejenigen, welche gegen den Schiffer oder gegen einen anderen Vorgesetzten Gewaltthätigkeit verüben, werden mit Zuchthaus bis zu fünf Jahren oder mit Gefängniß von gleicher Dauer bestraft, auch kann auf Zulässigkeit von Polizeiaufsicht erkannt werden. Sind mildernde Umstände vorhanden, so tritt Gefängnißstrafe nicht unter drei Monaten ein.

§ 92. Ein Schiffsmann, welcher solchen Befehlen des Schiffers oder eines andern Vorgesetzten den Gehorsam verweigert, welche sich auf die Abwehr oder auf die Unterdrückung der in den §§ 89, 90 bezeichneten Handlungen beziehen, ist als Gehülfe zu bestrafen.[14])

§ 94. Wer wider besseres Wissen eine auf unwahre Behauptungen gestützte Beschwerde über Seeuntüchtigkeit des Schiffs oder Mangelhaftigkeit des Proviants bei einem See-

[11]) vergl. § 240 des St.G.B.

[12]) vergl. § 223 des St.G.B. Nach § 90 der S.O. kann auch der Versuch der Körperverletzung bestraft werden. — Das ungebührliche Betragen gegen einen Vorgesetzten, soweit es nicht unter diesen § fällt, wird als Uebertretung nach § 84 al. 3 bestraft (S. 52).

[13]) vergl. § 47 des St.G.B. — Ueber die Anstiftung zu diesem Vergehen s. § 88 S.O.

[14]) vergl. § 49 des St.G.B.

mannsamte vorbringt und auf Grund dieser Behauptungen eine Untersuchung veranlaßt, wird mit Gefängniß bis zu drei Monaten bestraft.

Wer leichtfertig eine auf unwahre Behauptungen gestützte Beschwerde über Seeuntüchtigkeit des Schiffs oder Mangelhaftigkeit des Proviants bei einem Seemannsamte vorbringt und auf Grund dieser Behauptungen eine Untersuchung veranlaßt, wird mit Geldstrafe bis zu 300 Mark bestraft.

§ 95. Die Verhängung einer in diesem Abschnitte oder durch sonstige strafgesetzliche Bestimmungen angedrohten Strafe wird dadurch nicht ausgeschlossen, daß der Schuldige aus Anlaß der ihm zur Last gelegten That bereits disciplinarisch bestraft worden ist. Jedoch kann eine erlittene Disciplinarstrafe sowohl in dem Strafbescheide des Seemannsamtes (§ 101) wie in dem gerichtlichen Strafurtheil bei Abmessung der Strafe berücksichtigt werden.

§ 96. Der Schiffer oder sonstige Vorgesetzte, welcher einem Schiffsmann gegenüber seine Disciplinargewalt mißbraucht, wird mit Geldstrafe bis zu 900 Mark oder mit Gefängniß bis zu einem Jahre bestraft.[15])

§ 97. Der Schiffer, welcher seine Verpflichtung, für die gehörige Verproviantirung des Schiffes zu sorgen, vorsätzlich nicht erfüllt, wird mit Gefängniß bestraft, neben welchem auf Geldstrafe bis zu 1500 Mark, sowie auf Verlust der bürgerlichen Ehrenrechte erkannt werden kann.

Hat der Schiffer die Erfüllung der Verpflichtung fahrlässiger Weise unterlassen, so ist, wenn in Folge dessen der Schiffsmannschaft die gebührende Kost nicht gewährt werden kann, auf Geldstrafe bis zu 600 Mark oder Gefängniß bis zu einem Jahre zu erkennen.

§ 98. Mit Geldstrafe bis zu 300 Mark, mit Haft oder mit Gefängniß bis zu drei Monaten wird ein Schiffer bestraft, welcher einen Schiffsmann im Auslande ohne Genehmigung des Seemannsamtes zurückläßt (§ 71).[16])

---

[15]) Vergl. §§ 223. 239 des St.G.B. (Körperverletzung, Freiheitsentziehung).

[16]) Nach § 71 darf der Schiffer einen Schiffsmann im Auslande nicht ohne Genehmigung des Seemannsamtes zurücklassen. Eine Ausnahme macht nach § 103 der Fall, wenn der Schiffsmann sich des Diebstahls, Betrugs, der Untreue, Unterschlagung, Hehlerei oder Fälschung, oder einer nach dem Strafgesetzbuche mit Zuchthaus bedrohten

B. Uebertretungen.[17])

§ 81. Abs. 1: Ein Schiffsmann, welcher nach Abschluß des Heuervertrages sich verborgen hält, um sich dem Antritte des Dienstes zu entziehen, wird mit Geldstrafe bis zu 60 Mark gestraft. Die Verfolgung tritt nur auf Antrag ein.[18])

§ 23. Hat der Schiffsmann sich dem Dienste in einem der Fälle des § 61, 1 u. 3[19]) ohne Genehmigung des Seemannsamtes (§ 64) entzogen, so tritt Geldstrafe bis zum Betrage einer Monatsheuer ein.

§ 84. Mit Geldstrafe bis zum Betrage einer Monatsheuer wird ein Schiffsmann bestraft, welcher sich einer gröblichen Verletzung seiner Dienstpflichten schuldig macht.[20])

Als Verletzung der Dienstpflicht in diesem Sinne wird insbesondere angesehen:

Handlung schuldig gemacht hat. Ist in diesen Fällen die Ablieferung an ein Seemannsamt nicht zu ermöglichen, so kann der Schiffer den Thäter der fremden Behörde behufs dessen Uebermittlung an die zuständige Behörde des Heimathshafens übergeben.

Unter Umständen wird der § 221 des St. G. B. (Aussetzung) zur Anwendung kommen können.

[17]) Sämmtliche Uebertretungen der S. O. unterliegen nach § 101 der Competenz des Seemannsamtes und können nur auf eingelegte Berufung zur gerichtlichen Entscheidung gelangen.

[18]) Der Abs. 1 des § 81 kommt nur dann zur Anwendung, wenn der Schiffsmann weder den Dienst angetreten, noch die Heuer oder einen Theil derselben bereits empfangen hat. Andernfalls kommen Abs. 2 oder 3 zur Anwendung (S. 47).

[19]) § 61. Der Schiffsmann kann seine Entlassung fordern:

1) wenn sich der Schiffer einer schweren Verletzung seiner ihm gegen denselben obliegenden Pflichten, insbesondere durch Mißhandlung oder durch grundlose Vorenthaltung von Speise und Trank schuldig macht;
2) — — — — — — — — — — — — — —
3) wenn nach Beendigung der Ausreise eine Zwischenreise beschlossen oder wenn eine Zwischenreise beendigt ist, sofern seit dem Dienstantritt zwei oder drei Jahre, je nachdem das Schiff in einem europäischen (§ 70) oder in einem nicht-europäischen Hafen sich befindet, verflossen sind.

[m. s. dagegen § 62].

[20]) Nach § 85 bleibt eine Uebertretung des § 84 straflos, wenn sie nicht in das Schiffsjournal eingetragen worden ist.

Nachlässigkeit im Wachdienste;

Ungehorsam gegen den Dienstbefehl eines Vorgesetzten[21]);

ungebührliches Betragen gegen Vorgesetzte,[22]) gegen andere Mitglieder der Schiffsmannschaft oder gegen Reisende;

Verlassen des Schiffes ohne Erlaubniß oder Ausbleiben über die festgesetzte Zeit;

Wegbringen eigener oder fremder Sachen von Bord des Schiffes und an Bord bringen oder an Bord bringen lassen von Gütern oder sonstigen Gegenständen ohne Erlaubniß[23]);

eigenmächtige Zulassung fremder Personen an Bord und Gestattung des Anlegens von Fahrzeugen an das Schiff;

Trunkenheit im Schiffsdienste;

Vergeudung, unbefugte Veräußerung oder bei Seite bringen von Proviant.

Gegen Schiffsofficiere kann die Strafe bis auf den Betrag einer zweimonatlichen Heuer erhöht werden.

Wenn die Heuer nicht zeitweise bedungen ist, so wird die Strafe auf einen nach dem Ermessen des Seemannsamtes der Monatsheuer entsprechenden Geldbetrag bestimmt.

Die Verfolgung tritt nur auf Antrag ein. Der Antrag ist bis zur Abmusterung zulässig.

§ 93. Mit Geldstrafe bis zu 60 Mark oder mit Haft bis zu 14 Tagen wird bestraft ein Schiffsmann, welcher

1) bei Verhandlungen, die sich auf die Ertheilung eines Seefahrtsbuches, auf eine Eintragung in dasselbe oder auf eine Musterung beziehen, wahre Thatsachen entstellt oder unterdrückt oder falsche vorspiegelt, um ein Seemannsamt zu täuschen[24]);

2) es unterläßt, sich gemäß § 10 zur Musterung zu stellen[25]);

3) im Falle eines dem Dienstantritt entgegenstehenden Hinder-

---

[21]) Vergl. § 86 (S. 48).

[22]) Vergl. §§ 89. 90 (S. 49).

[23]) § 75. Der Schiffer ist befugt, die ohne seine Erlaubniß an Bord gebrachten Güter über Bord zu werfen, wenn dieselben Schiff oder Ladung gefährden. — Man vergl. § 297 St.G.B.

[24]) Vergl. den Schluß dieses §, bezw. die §§ 271, 363 des St.G.B. — Die obige Bestimmung ermöglicht die Bestrafung eines Versuchs des Vergehens gegen § 271 des St.G.B.

[25]) § 10, Abs. 2: Der Schiffsmann hat sich, wenn nicht ein unabwendbares Hinderniß entgegensteht, zur Musterung zu stellen.

nisses unterläßt, sich hierüber gemäß § 15 gegen das Seemannsamt auszuweisen.[26])

Durch die Bestimmung der Ziffer 1 wird die Vorschrift des § 271 des Strafgesetzbuchs nicht berührt.

§ 99. Mit Geldstrafe bis zu 150 Mark oder mit Haft wird bestraft ein Schiffer, welcher

1) den ihm in Ansehung der Musterung obliegenden Verpflichtungen nicht genügt (§ 10);
2) bei Verhandlungen, welche sich auf eine Musterung oder eine Eintragung in ein Seefahrtsbuch beziehen, wahre Thatsachen entstellt oder unterdrückt, oder falsche vorspiegelt, um ein Seemannsamt zu täuschen[27]);
3) bei Todesfällen die Beschaffung und Uebergabe des vorgeschriebenen Nachweises unterläßt oder die ihm obliegende Fürsorge für den Nachlaß verabsäumt (§§ 52, 53)[28]);
4) eine der in den §§ 77 und 80 vorgeschriebenen Eintragungen in das Schiffsjournal unterläßt[29]);
5) der ihm bei Vergehen oder Verbrechen nach §§ 102 und 103 obliegenden Verpflichtungen nicht genügt[30]);

---

[26]) § 15. Wenn ein angemusterter Schiffsmann durch ein unabwendbares Hinderniß außer Stande gesetzt wird, den Dienst anzutreten, so hat er sich hierüber sobald wie möglich gegen den Schiffer und das Seemannsamt, vor welchem die Musterung erfolgt ist, auszuweisen.

[27]) Vergl. den Schluß des § 99 und die Anm. zu § 93, 1.

[28]) § 52 Abs. 1 und § 53 enthalten dieselben Vorschriften wie die §§ 61—64 des Civilstandsgesetzes.

Nach § 52, Abs. 2 u. 3 muß der Schiffer den Nachlaß des Schiffsmanns aufzeichnen und aufbewahren und ihn nebst dem etwaigen Heuerrückstand demjenigen Seemannsamt, bei dem es zuerst geschehen kann, übergeben (Ausnahme: § 75).

[29]) Nach § 75 kann der Schiffer unter Umständen ohne seine Erlaubniß vom Schiffsmann an Bord gebrachte Güter über Bord werfen, nach § 76 geistige Getränke und Taback zum Besten des Schiffes einziehen, muß aber, nach § 77, über solche Anordnungen, sobald es geschehen kann, eine Eintragung in's Schiffsjournal machen. — Nach §§ 79, 80 muß der Schiffer alle von ihm behufs Aufrechthaltung der Disciplin getroffenen Maßregeln, namentlich verfügte Strafen, baldmöglichst in das Schiffsjournal eintragen.

[30]) Nach §§ 102 und 103 hat der Schiffer, wenn ein Schiffsmann auf offener See oder im Auslande ein Vergehen oder Verbrechen begeht, alle näheren Umstände unter Zuziehung von Zeugen genau auf-

6) dem Schiffsmann ohne dringenden Grund die Gelegenheit versagt, die Entscheidung des Seemannsamtes nachzusuchen (§§ 105, 106)[31]);
7) einem Schiffsmann grundlos Speise oder Trank vorenthält[32]);
8) es unterläßt, dafür Sorge zu tragen, daß ein Exemplar dieses Gesetzes, sowie der maßgebenden Vorschriften über Kost und Logis im Volkslogis zugänglich ist (§ 108).[33])

Durch die Bestimmung der Ziffer 2 wird die Vorschrift des § 271 des Strafgesetzbuchs nicht berührt.

Gesetz,

betreffend die Verpflichtung Deutscher Kauffahrteischiffe zur Mitnahme hülfsbedürftiger Seeleute.

Vom 27. December 1872. — (R.G.Bl. S. 482.)

§ 8. Wer sich der Erfüllung einer ihm nach § 1[1]) obliegenden

---

zuzeichnen, wenn die Entweichung des Thäters zu besorgen steht, denselben festzunehmen und ihn mit dem aufgenommenen Protokoll an das nächste Seemannsamt abzuliefern.

[31]) Nach §§ 105, 106 kann der Schiffsmann bei Streitigkeiten mit dem Schiffer in dringenden Fällen sich an das Seemannsamt wenden, welches dann unter Vorbehalt des Rechtsweges entscheidet.

[32]) Nach § 79 darf der Schiffer im Disciplinarwege mäßige Schmälerung der Kost, jedoch höchstens auf drei Tage, als Strafe eintreten lassen. Nach § 12 muß aus der Musterrolle erhellen, was dem Schiffer für den Tag an Speise und Trank gebührt.

[33]) Die für Kost und Logis maßgebenden allgemeinen Bestimmungen enthalten die §§ 43—45. Der Erlaß näherer Bestimmungen steht den Landesregierungen im Verordnungswege zu (§ 45 a. E.).

[1]) § 1. Jedes Deutsche Kauffahrteischiff, welches von einem außerdeutschen Hafen nach einem Deutschen Hafen oder nach einem Hafen des Kanals, Großbritanniens, des Sundes oder des Kattegats oder nach einem außerdeutschen Hafen der Nordsee oder der Ostsee bestimmt ist, ist verpflichtet, Deutsche Seeleute, welche im Auslande sich in hülfsbedürftigem Zustande befinden, behufs ihrer Zurückbeförderung nach Deutschland auf schriftliche Anweisung des Seemannsamtes gegen eine Entschädigung (§ 5) nach seinem Bestimmungshafen mitzunehmen.
In Ansehung ausländischer Seeleute, welche unmittelbar nach einem Dienste auf einem Deutschen Kauffahrteischiffe außerhalb Deutsch-

Verpflichtung entzieht[2]), wird mit Geldstrafe bis zu 150 Mark oder mit Haft bestraft. Für die Festsetzung der Strafe und für das weitere Verfahren kommen die im § 101 der Seemannsordnung enthaltenen Vorschriften zur Anwendung.[3])

Strandungsordnung.

Vom 17. Mai 1874. — (R.G.Bl. S. 73.)

§ 9. Die Verpflichtung, den polizeilichen Aufforderungen zur Hilfe Folge zu leisten, bestimmt sich nach § 360 Nr. 10 des Strafgesetzbuches mit der Maßgabe, daß als „Polizeibehörde" im Sinne dieser Vorschrift auch der Strandvogt gilt.

Während der Seenoth ist der Strandvogt befugt, zur Rettung von Menschenleben die erforderlichen Fahrzeuge und Geräthschaften, sowie jeden außerhalb der öffentlichen Wege zum Strande führenden Zugang auch ohne Einwilligung der Verfügungsberechtigten in Anspruch zu nehmen. Der hieraus entstehende wirkliche Schaden ist zu vergüten. Wer der Anordnung des Strandvogts nicht Folge leistet, wird mit der im § 360 Nr. 10 a. a. O. angedrohten Strafe belegt.

Die Fahrzeuge und Geräthschaften der Vereine zur Rettung Schiffbrüchiger dürfen nur, insoweit die Vereinsmannschaft nicht selbst einschreitet, zur Rettung von Menschenleben in Anspruch genommen werden.

§ 43. Wer den Vorschriften der §§ 4[1]), 7 Abs. 1[2]), 12 Abs. 1[3]),

---

lands sich in einem hülfsbedürftigen Zustande befinden, liegt den nach deren Heimathslande bestimmten Deutschen Kauffahrteischiffen eine gleiche Verpflichtung ob.

Zur Erfüllung dieser Verpflichtungen kann der Schiffer vom Seemannsamt zwangsweise angehalten werden.

[2]) § 3 enthält die Fälle, in denen die Mitnahme verweigert werden kann.

[3]) Ueber die Festsetzung der im § 8 bestimmten Strafe entscheidet das Seemannsamt unter Vorbehalt des Rechtsweges.

[1]) § 4. Wer ein auf den Strand gerathenes oder sonst unweit desselben in Seenoth befindliches Schiff wahrnimmt, hat hiervon sofort dem zuständigen Strandvogt oder der nächsten Gemeindebehörde Anzeige zu machen.

[2]) § 7. Wider den Willen des Schiffers dürfen Maßregeln zum

13[4]), 20[5]), 21[6]) zuwiderhandelt, wird, sofern nicht nach allgemeinen Strafgesetzen eine höhere Strafe verwirkt ist, mit Geldstrafe bis zu 150 Mark oder mit Haft bestraft.

Zweck der Bergung oder Hülfsleistung nicht ergriffen werden. Insbesondere darf wider den Willen des Schiffers weder an das Schiff angelegt, noch dasselbe betreten werden. Ist das Schiff von der Schiffsbesatzung verlassen, so bedarf es zum Anlegen an dasselbe oder zum Betreten desselben, sofern nicht dringende Gefahr im Verzuge liegt, der Erlaubniß des Strandvogts.

3) § 12. Ohne Genehmigung des Schiffers darf nichts aus dem Schiffe fortgeschafft werden. Auch hat zunächst der Schiffer darüber Bestimmung zu treffen, wohin die fortgeschafften Gegenstände, sowie das Schiff selbst zu bringen sind. Sowohl jene Genehmigung als auch diese Bestimmung steht dem Strandvogt zu, wenn derselbe die Leitung des Verfahrens übernommen hatte. In Ermangelung einer Bestimmung des Schiffers oder des Strandvogts muß das Geborgene, sofern keine Hindernisse entgegenstehen, bei Verlust des Anspruchs auf Berge- oder Hülfslohn nach dem zunächst erreichbaren Deutschen Hafen oder Landungsplatze gebracht und sofort der nächsten Polizeibehörde oder dem Strandvogt angezeigt werden.

4) § 13. Werden einzelne Stücke der Ladung oder des Schiffs oder sonstige Gegenstände, welche auf dem Schiffe sich befunden, oder zu demselben gehört haben, an das Land getrieben, so hat derjenige, welcher dieselben birgt, dies sofort einem der mitwirkenden Beamten anzuzeigen und auf Erfordern die Sachen abzuliefern.

5) § 20. Wenn außer dem Falle der Seenoth eines Schiffes besitzlos gewordene Gegenstände von der See auf den Strand geworfen oder gegen denselben getrieben und vom Strande aus geborgen werden, so haben auch in diesen Fällen die Berger Anspruch auf Bergelohn nach den Vorschriften des Allgemeinen Deutschen Handelsgesetzbuchs, Buch V. Tit. 9. Sie sind verpflichtet, bei Verlust des Anspruchs auf Bergelohn von den geborgenen Gegenständen der nächsten Polizeibehörde oder dem Strandvogt sofort Anzeige zu machen, und dieselben zur Verfügung zu stellen.

6) § 21. Denselben Anspruch und dieselbe Verpflichtung haben die Berger, wenn versunkene Schiffstrümmer oder sonstige Gegenstände vom Meeresgrunde heraufgebracht, oder wenn ein verlassenes Schiff oder sonstige besitzlos gewordene Gegenstände, in offener See treibend, von einem Fahrzeuge geborgen werden.

Die Verpflichtung tritt in diesem Falle ein, sobald das bergende Fahrzeug nach der Bergung an der Deutschen Küste anlegt oder vor Anker geht, fällt aber fort, wenn das Fahrzeug inzwischen an einer fremden Küste angelegt hat oder vor Anker gegangen ist, und die Berger dort die geborgenen Gegenstände dem Eigenthümer oder einer Behörde zur Verfügung gestellt haben.

VI.

Beurkundung des Personenstandes, öffentliche Verkehrsanstalten, Sanitätswesen, Militairwesen.

Gesetz
über die Beurkundung des Personenstandes und die Eheschließung.

Vom 6. Februar 1875.

(R.G.Bl. S. 23.)

§ 67. Ein Geistlicher oder anderer Religionsdiener, welcher zu zu den religiösen Feierlichkeiten einer Eheschließung schreitet, bevor ihm nachgewiesen worden ist, daß die Ehe vor dem Standesbeamten geschlossen sei, wird mit Geldstrafe bis zu 300 Mark oder mit Gefängniß bis zu drei Monaten bestraft[1]).

§ 68. Wer den in den §§ 17 bis 20, 22 bis 24, 56 bis 58[2])

---

[1]) vergl. auch § 338 des St.G.B.

[2]) § 17. Jede Geburt eines Kindes ist innerhalb einer Woche dem Standesbeamten des Bezirks, in welchem die Niederkunft stattgefunden hat, anzuzeigen.

§ 18. Zur Anzeige sind verpflichtet:
1. der eheliche Vater;
2. die bei der Niederkunft zugegen gewesene Hebeamme;
3. der dabei zugegen gewesene Arzt;
4. jede andere dabei zugegen gewesene Person;
5. die Mutter, sobald sie dazu im Stande ist.

Jedoch tritt die Verpflichtung der in der vorstehenden Reihenfolge später genannten Personen nur dann ein, wenn ein früher genannter Verpflichteter nicht vorhanden oder derselbe an der Erstattung der Anzeige verhindert ist.

§ 19. Die Anzeige ist mündlich von dem Verpflichteten selbst oder durch eine andere aus eigener Wissenschaft unterrichtete Person zu machen.

§ 20. Bei Geburten, welche sich in öffentlichen Entbindungs-, Hebeammen-, Kranken-, Gefangen- und ähnlichen Anstalten, sowie in Kasernen ereignen, trifft die Verpflichtung zur Anzeige ausschließlich den Vorsteher der Anstalt oder den von der zuständigen Behörde ermächtigten Beamten. Es genügt eine schriftliche Anzeige in amtlicher Form.

§ 22. Die Eintragung des Geburtsfalles soll enthalten:
1. Vor- und Familiennamen, Stand oder Gewerbe und Wohnort des Anzeigenden;
2. Ort, Tag und Stunde der Geburt;
3. Geschlecht des Kindes;
4. Vornamen des Kindes;

vorgeschriebenen Anzeigepflichten nicht nachkommt, wird mit Geldstrafe bis zu 150 Mark oder mit Haft bestraft. Die Strafverfolgung tritt nicht ein, wenn die Anzeige, obwohl nicht von den zunächst Verpflichteten, doch rechtzeitig gemacht worden ist.

Die bezeichnete Strafe trifft auch den Schiffer oder Steuermann, welcher den Vorschriften der §§ 61 bis 64[3]) zuwiderhandelt.

Die Standesbeamten sind außerdem befugt, die zu Anzeigen oder zu sonstigen Handlungen auf Grund dieses Gesetzes Verpflichteten hierzu durch Geldstrafen anzuhalten, welche für jeden einzelnen Fall den Betrag von 15 Mark nicht übersteigen dürfen.

---

5. Vor- und Familiennamen, Religion, Stand oder Gewerbe und Wohnort der Eltern.

Bei Zwillings- oder Mehrgeburten ist die Eintragung für jedes Kind besonders und so genau zu bewirken, daß die Zeitfolge der verschiedeneu Geburten ersichtlich ist.

Standen die Vornamen des Kindes zur Zeit der Anzeige noch nicht fest, so sind dieselben nachträglich und längstens binnen zwei Monaten nach der Geburt anzuzeigen. Ihre Eintragung erfolgt am Rande der ersten Eintragung.

§ 23. Wenn ein Kind todtgeboren oder in der Geburt verstorben ist, so muß die Anzeige spätestens am nächstfolgenden Tage geschehen.

§ 24. Wer ein neugeborenes Kind findet, ist verpflichtet, hiervon spätestens am nächstfolgenden Tage Anzeige bei der Ortspolizeibehörde zu machen.

§ 56. Jeder Sterbefall ist spätestens am nächstfolgenden Wochentage dem Standesbeamten des Bezirks, in welchem der Tod erfolgt ist, anzuzeigen.

§ 57. Zu der Anzeige verpflichtet ist das Familienhaupt, und wenn ein solches nicht vorhanden oder an der Anzeige behindert ist, derjenige, in dessen Wohnung oder Behausung der Sterbefall sich ereignet hat.

§ 58. Die §§ 19 bis 21 kommen auch in Beziehung auf die Anzeige der Sterbefälle zur Anwendung.

Findet eine amtliche Ermittelung über den Todesfall statt, so erfolgt die Eintragung auf Grund der schriftlichen Mittheilung der zuständigen Behörde.

[3]) § 61. Geburten und Sterbefälle, welche sich auf Seeschiffen während der Reise ereignen, sind nach den Vorschriften dieses Gesetzes spätestens am nächfolgenden Tage nach der Geburt oder dem Todesfall von dem Schiffer, unter Zuziehung von zwei Schiffsoffizieren oder anderen glaubhaften Personen, in dem Tagebuch zu beurkunden. Bei Sterbefällen ist zugleich die muthmaßliche Ursache des Todes zu vermerken.

§ 62. Der Schiffer hat zwei von ihm beglaubigte Abschriften der Urkunden demjenigen Seemannsamte, bei dem es zuerst geschehen kann, zu übergeben. Eine dieser Abschriften ist bei dem Seemannsamte aufzubewahren, die andere ist demjenigen Standesbeamten, in dessen Bezirk die Eltern des Kindes, beziehungsweise der Verstorbene ihren

§ 69. Ein Standesbeamter, welcher unter Außerachtlassung der in diesem Gesetze gegebenen Vorschriften eine Eheschließung vollzieht, wird mit Geldstrafe bis zu 600 Mark bestraft[4]).

Gesetz

über das Postwesen des Deutschen Reichs.

Vom 28. Oktober 1871.

(R.G.Bl. S. 347.)

§ 18. Gegen die ordentlichen Posten, Kuriere und Estafetten ist keine Pfändung erlaubt, auch darf dieselbe gegen einen Postillon nicht geübt werden, welcher mit dem ledigen Gespann zurückkehrt. Bei Zuwiderhandlungen ist eine Geldstrafe bis zu 60 Mark verwirkt.

§ 19. Jedes Fuhrwerk muß den ordentlichen Posten, sowie den Extraposten, Kurieren und Estafetten auf das übliche Signal ausweichen.[1]) Bei Zuwiderhandlungen ist eine Geldstrafe bis zu 30 Mark verwirkt.

§ 23. Die Thorwachen, Thor-, Brücken- und Barrierebeamten sind verbunden, die Thore und Schlagbäume schleunigst zu öffnen, sobald der Postillon das übliche Signal giebt. Ebenso müssen auf dasselbe die Fährleute die Ueberfahrt unverzüglich bewirken. Bei Zuwiderhandlungen ist eine Geldstrafe bis zu 30 Mark verwirkt.

Wohnsitz haben oder zuletzt gehabt haben, behufs der Eintragung in das Register zuzufertigen.

§ 63. Ist der Schiffer verstorben oder verhindert, so hat der Steuermann die in den §§ 61 und 62 dem Schiffer auferlegten Verpflichtungen zu erfüllen.

§ 64. Sobald das Schiff in den inländischen Hafen eingelaufen ist, in welchem es seine Fahrt beendet, ist das Tagebuch der für den Standesbeamten des Hafenorts zuständigen Aufsichtsbehörde vorzulegen.

Diese hat beglaubigte Abschrift der in das Tagebuch eingetragenen Standesurkunde dem Standesbeamten, in dessen Register der Fall gehört (§ 62), behufs Kontrolirung der Eintragungen zuzustellen.

[Vergl. §§ 52. 99, 3 der S.O. (S. 53).]

[4]) s. §§ 28—55. — Vergl. auch § 338 des St.G.B.

[1]) Vergl. § 366, 3 des St.G.B.

§ 27. Mit dem vierfachen Betrage des defraudirten Portos,[2]) jedoch niemals unter einer Geldstrafe von 3 Mark wird bestraft:

1) wer Briefe oder politische Zeitungen, den Bestimmungen der §§ 1 und 2[3]) zuwider, auf andere Weise, als durch die Post, gegen Bezahlung befördert oder verschickt; erfolgt die Beförderung in versiegelten, zugenähten oder sonst verschlossenen Packeten, so trifft die Strafe den Beförderer nur dann, wenn er den verbotwidrigen Inhalt des Packets zu erkennen vermochte;
2) wer sich zu einer portopflichtigen Sendung einer, von der Entrichtung des Portos befreienden Bezeichnung bedient oder eine solche Sendung in eine andere verpackt, welche bei Anwendung einer vorgeschriebenen Bezeichnung portofrei befördert wird;
3) wer Postwerthzeichen nach ihrer Entwerthung zur Frankirung einer Sendung benutzt; inwiefern in diesem Falle wegen hinzugetretener Vertilgung des Entwerthungszeichens eine härtere Strafe verwirkt ist, wird nach den allgemeinen Strafgesetzen beurtheilt;[4])
4) wer Briefe oder andere Sachen zur Umgehung der Portogefälle einem Postbeamten oder Postillon zur Mitnahme übergiebt.

In den unter Nr. 2. und 3. bestimmten Fällen ist die Strafe mit der Einlieferung der Sendung zur Post verwirkt.[5])

§ 28. Im ersten Rückfalle wird die Strafe (§ 27) verdoppelt und bei ferneren Rückfällen auf das Vierfache erhöht.

Im Rückfalle befindet sich derjenige, welcher, nachdem er wegen einer

---

[2]) Alle Post- und Porto-Defraudationen werden zunächst im Verwaltungswege untersucht und bestraft und gelangen nur im Wege der Berufung an die Gerichte (§§ 34 ff.).

[3]) Nach § 1 ist die Beförderung von Briefen und politischen Zeitungen von Orten mit einer Postanstalt nach anderen Orten mit einer Postanstalt, auf andere Weise als durch die Post, verboten. Eine Ausnahme wird nach § 2, nur bei der Beförderung durch expresse Boten gemacht.

[4]) Eine besondere Strafe für die Vertilgung des Entwerthungszeichens ist im St.G.B. nicht bestimmt, wenn man nicht — in etwas gezwungener Weise — den § 275 des St.G.B. (wissentliche Verwendung gefälschter Postfreimarken) anwenden will.

[5]) Nach dem Einführungsgesetz zum St.G.B. § 7 verjähren Zuwiderhandlungen gegen die Vorschriften über die Entrichtung der Postgefälle in drei Jahren (B.G.Bl. 1870 S. 195).

der im § 27 bezeichneten Defraudation vom Gerichte oder im Verwaltungswege (§§ 34. 35) bestraft worden, abermals eine dieser Defraudationen begeht.

Die Straferhöhung wegen Rückfalls tritt auch ein, wenn die frühere Strafe nur theilweise verbüßt, oder ganz oder theilweise erlassen ist, bleibt jedoch ausgeschlossen, wenn seit der Verbüßung oder dem Erlasse der letzten Strafe bis zur Begehung der neuen Defraudation drei Jahre verflossen sind.

§ 29. Wer wissentlich, um der Postkasse das Personengeld zu entziehen, uneingeschrieben mit der Post reist, wird mit dem vierfachen Betrage des defraudirten Personengeldes, jedoch niemals unter einer Geldstrafe von 3 Mark bestraft.

Bahnpolizei-Reglement für die Eisenbahnen Deutschlands.

Vom 4. Januar 1875. — (Centralblatt S. 57.)

§ 62. Wer den Bestimmungen der §§ 53—61 [1]) und den nachfolgenden Bestimmungen des Betriebs-Reglements für die Eisenbahnen Deutschlands vom 11. Mai 1874 zuwiderhandelt, welche also lauten:

---

[1]) § 53. Die Eisenbahn-Reisenden müssen den allgemeinen Anordnungen nachkommen, welche von der Bahnverwaltung behufs Aufrechthaltung der Ordnung beim Transport der Personen und Effekten getroffen werden und haben den dienstlichen Anordnungen der in Uniform befindlichen oder mit einem Dienstabzeichen oder mit einer besonderen Legitimation versehenen Bahnpolizei-Beamten Folge zu leisten.

[vergl. § 113 des St.G.B. — § 66: s. unten].

§ 54. Das Betreten des Planums der Bahn, der dazu gehörigen Böschungen, Dämme, Gräben, Brücken und sonstigen Anlagen ist ohne Erlaubnißkarte nur der Aufsichtsbehörde und deren Organen, den in der Ausübung ihres Dienstes befindlichen Forstschutz-, Zoll-, Steuer-, Telegraphen-, Polizeibeamten, den Beamten der Staatsanwaltschaften und den zur Rekognoszirung dienstlich entsendeten Offizieren gestattet; dabei ist jedoch die Bewegung wie der Aufenthalt innerhalb der Fahr- und Rangirgeleise zu vermeiden. Das Publikum darf die Bahn nur an den zu Ueberfahrten oder Uebergängen bestimmten Stellen überschreiten und zwar nur so lange, als die letzterrn nicht durch Barrièren verschlossen sind. Es ist dabei jeder unnöthige Verzug zu vermeiden.

Die Gewährung von Erlaubnißkarten zum Betreten der vorstehend bezeichneten Bahnanlagen bedarf der Genehmigung der Aufsichtsbehörde.

Es ist untersagt, die Barrièren oder sonstigen Einfriedigungen

Feuergefährliche Gegenstände, sowie alles Gepäck, welches Flüssigkeiten und andere Gegenstände enthält, die auf irgend eine Weise Schaden verursachen können, insbesondere geladene Gewehre, Schießpulver, leicht entzündbare Präparate und andere Sachen gleicher Eigenschaft, dürfen in den Personenwagen nicht mitgenommen

---

eigenmächtig zu öffnen, zu überschreiten, oder etwas darauf zu legen, oder zu hängen.

§ 55. Außerhalb der bestimmungsmäßig dem Publikum für immer oder zeitweise geöffneten Räume darf Niemand den Bahnhof ohne Erlaubnißkarte betreten, mit Ausnahme der in Ausübung ihres Dienstes befindlichen Chefs der Militär- und Polizeibehörde, sowie der im § 54 gedachten und der Postbeamten.

Den Festungs-Kommandanten, Fortifikations-Offizieren uud den durch ihre Uniform als solche kenntlichen Fortifikations-Beamten ist gestattet, auch den Bahnkörper wie die Bahnhöfe innerhalb des Festungsrayons zu betreten.

Die Wagen, welche Reisende zur Bahn bringen und daher abholen, müssen auf den Vorplätzen der Bahnhöfe an den dazu bestimmten Stellen auffahren.

Die Ueberwachung der Ordnung auf den für diese Wagen bestimmten Vorplätzen, soweit dies den Verkehr mit Reisenden und deren Gepäck betrifft, steht den Bahnpolizeibeamten zu, insofern in dieser Beziehung nicht besondere Vorschriften ein Anderes bestimmen.

§ 56. Das Hinüberschaffen von Pflügen, Eggen und anderen Geräthen, sowie von Baumstämmen und anderen schweren Gegenständen über die Bahn darf, sofern solche nicht getragen werden, nur auf Wagen oder untergelegten Schleifen erfolgen.

§ 57. Für das Betreten der Bahn und der dazu gehörigen Anlagen durch Vieh bleibt derjenige verantwortlich, welchem die Aufsicht über dasselbe obliegt.

Das Treiben von größeren Viehheerden über die Bahnübergänge ist innerhalb zehn Minuten vor dem erwarteten Eintreffen eines Zuges nicht gestattet.

§ 58. Privatübergänge dürfen nur von den Berechtigten unter den von der Aufsichtsbehörde genehmigten Bedingungen benutzt werden.

§ 59. So lange die Uebergänge geschlossen sind, müssen Fuhrwerke, Reiter, Treiber von Viehheerden und Führer von Lastthieren bei den aufgestellten Warnungstafeln halten. Das gleiche gilt, sobald die Glocken an den mit Zugbarrièren versehenen Uebergängen ertönen. Fußgänger dürfen sich den geschlossenen Barrièren nähern, dieselben aber nicht öffnen.

§ 60. Alle Beschädigungen der Bahn und der dazu gehörigen Anlagen, mit Einschluß der Telegraphen sowie der Betriebsmittel nebst Zubehör, ingleichen das Auflegen von Steinen, Holz und sonstigen

werden.[2]) Das Eisenbahn-Dienstpersonal ist berechtigt, sich in dieser Beziehung die nöthige Ueberzeugung zu verschaffen.

Jägern und im öffentlichen Dienste stehenden Personen ist jedoch die Mitführung von Handmunition gestattet.

wird mit einer Geldstrafe bis zu 30 Mark bestraft, sofern nicht nach den allgemeinen Strafbestimmungen[3]) eine härtere Strafe verwirkt ist.

Impfgesetz.

Vom 8. April 1874. — (R.G.Bl. S. 31.)

§ 14. Eltern, Pflegeeltern und Vormünder, welche den nach § 12[1]) ihren obliegenden Nachweis zu führen unterlassen, werden mit einer Geldstrafe bis zu 20 Mark bestraft.

Eltern, Pflegeeltern und Vormünder, deren Kinder und Pflegebefohlene ohne gesetzlichen Grund und trotz erfolgter amtlicher Auf-

---

Sachen auf das Planum, oder das Anbringen sonstiger Fahrhindernisse sind verboten, ebenso die Erregung falschen Alarms, die Nachahmung von Signalen, die Verstellung von Ausweiche-Vorrichtungen und überhaupt die Vornahme aller den Betrieb störenden Handlungen. [Vergl. Anm. 3.].

§ 61. Das Einsteigen in einen bereits in Gang gesetzten Zug, der Versuch, sowie die Hülfeleistung dazu, ingleichen das eigenmächtige Oeffnen der Wagenthüren oder Aussteigen, während der Zug sich noch in Bewegung befindet, ist verboten.

[2]) vergl. § 367, 6 des St.G.B.

[3]) vergl. §§ 90, 2; 305, 315, 316, 319, 320 des St.G.B.

[1]) § 1. Der Impfung mit Schutzpocken soll unterzogen werden:

1) jedes Kind vor dem Ablaufe des auf sein Geburtsjahr folgenden Kalenderjahres, sofern es nicht nach ärztlichem Zeugniß (§ 10) die natürlichen Blattern überstanden hat;
2) jeder Zögling einer öffentlichen Lehranstalt oder einer Privatschule, mit Ausnahme der Sonntags- und Abendschulen, innerhalb des Jahres, in welchem der Zögling das zwölfte Lebensjahr zurücklegt, sofern er nicht nach ärztlichem Zeugniß in den letzten fünf Jahren die natürlichen Blattern überstanden hat oder mit Erfolg geimpft worden ist.

§ 2. Ein Impfpflichtiger (§ 1), welcher nach ärztlichem Zeugniß ohne Gefahr für sein Leben oder für seine Gesundheit nicht geimpft werden kann, ist binnen Jahresfrist nach Aufhören des diese Gefahr begründenden Zustandes der Impfung zu unterziehen.

Ob diese Gefahr noch fortbesteht, hat in zweifelhaften Fällen der zuständige Impfarzt (§ 6) entgültig zu entscheiden.

forderung der Impfung oder der ihr folgenden Gestellung (§ 5)[2]) entzogen geblieben sind, werden mit Geldstrafe bis zu 50 Mark oder mit Haft bis zu drei Tagen bestraft.

§ 15. Aerzte und Schulvorsteher, welche den durch § 8 Absatz 2, § 7 und durch § 13 ihnen auferlegten Verpflichtungen nicht nachkommen, werden mit Geldstrafe bis zu 100 Mark bestraft[3]).

---

§ 10. Ueber jede Impfung wird nach Feststellung ihrer Wirkung (§ 5) von dem Arzte ein Impfschein ausgestellt. In dem Impfschein wird, unter Angabe des Vor- und Zunamens des Impflings, sowie des Jahres und des Tages seiner Geburt, bescheinigt, entweder,

daß durch die Impfung der gesetzlichen Pflicht genügt ist,

oder

daß die Impfung im nächsten Jahre wiederholt werden muß.

In den ärztlichen Zeugnissen, durch welche die gänzliche oder vorläufige Befreiung von der Impfung (§§ 1, 2) nachgewiesen werden soll, wird, unter der für den Impfschein vorgeschriebenen Bezeichnung der Person, bescheinigt, aus welchem Grunde und auf wie lange die Impfung unterbleiben darf.

§ 12. Eltern, Pflegeeltern und Vormünder sind gehalten auf amtliches Erfordern mittelst der vorgeschriebenen Bescheinigungen (§ 10) den Nachweis zu führen, daß die Impfung ihrer Kinder und Pflegebefohlenen erfolgt oder aus einem gesetzlichen Grunde unterblieben ist.

[2]) § 5. Jeder Impfling muß frühestens am sechsten, spätestens am achten Tage nach der Impfung dem impfenden Arzte vorgestellt werden.

[3]) § 8, Abs. 2. Sie haben über die ausgeführten Impfungen in der im § 7. vorgeschriebenen Form Listen zu führen und dieselben am Jahresschluß der zuständigen Behörde vorzulegen.

§ 7. Für jeden Impfbezirk wird vor Beginn der Impfzeit eine Liste der nach § 1, Ziffer 1 der Impfung unterliegenden Kinder von der zuständigen Behörde aufgestellt. Ueber die auf Grund des § 1, Ziffer 2 zur Impfung gelangenden Kinder haben die Vorsteher der betreffenden Lehranstalt eine Liste anzufertigen.

Die Impfärzte vermerken in den Listen, ob die Impfung mit oder ohne Erfolg vollzogen, oder ob und weshalb sie ganz oder vorläufig unterblieben ist.

Nach dem Schlusse des Kalenderjahres sind die Listen der Behörde einzureichen.

Die Einrichtung der Listen wird durch den Bundesrath festgestellt.

§ 13. Die Vorsteher derjenigen Schulanstalten, deren Zöglinge dem Impfzwange unterliegen (§ 1, Ziffer 2), haben bei der Aufnahme von Schülern durch Einfordern der vorgeschriebenen Bescheinigungen festzustellen, ob die gesetzliche Impfung erfolgt ist.

Sie haben dafür zu sorgen, daß Zöglinge, welche während des

§ 16. Wer unbefugter Weise (§ 8) Impfungen vornimmt, wird mit Geldstrafe bis zu 150 Mark oder mit Haft bis zu vierzehn Tagen bestraft[4]).

§ 17. Wer bei der Ausführung einer Impfung fahrlässig handelt, wird mit Geldstrafe bis zu 500 Mark oder mit Gefängnißstrafe bis zu drei Monaten bestraft, sofern nicht nach dem Strafgesetzbuch eine härtere Strafe eintritt[5]).

Verordnung,

betreffend den Verkehr mit Arzneimitteln.[1])

Vom 4. Januar 1875. — (R.G.Bl. S. 5.)

§ 1. Das Feilhalten und der Verkauf der in dem anliegenden Verzeichniß A. aufgeführten Zubereitungen als Heilmittel ist nur in Apotheken gestattet, ohne Unterschied ob diese Zubereitungen aus arzneilich wirksamen oder aus solchen Stoffen bestehen, welche an und für sich zum medizinischen Gebrauch nicht geeignet sind.

§ 2. Das Feilhalten und der Verkauf der in dem anliegenden Verzeichniß B. aufgeführten Droguen und chemischen Präparate ist nur in Apotheken gestattet.

§ 3. Auf den Großhandel mit Arzneimitteln finden die Bestimmungen dieser Verordnung nicht Anwendung.

Besuches der Anstalt nach § 1, Ziffer 2 impfpflichtig werden, dieser Verpflichtung genügen.

Ist eine Impfung ohne gesetzlichen Grund unterblieben, so haben sie auf deren Nachholung zu dringen.

Sie sind verpflichtet, vier Wochen vor Schluß des Schuljahres der zuständigen Behörde ein Verzeichniß derjenigen Schüler vorzulegen, für welche der Nachweis der Impfung nicht erbracht ist.

[4]) § 8, Abs. 1. Außer den Impfärzten sind ausschließlich Aerzte befugt, Impfungen vorzunehmen.

[5]) vergl. §§ 222. 230 des St.G.B.

[1]) Zuwiderhandlungen gegen obige Verordnung sind nach § 367, 3 des St.G.B. mit Geldstrafe bis zu 150 Mark oder mit Haft zu bestrafen. Der § 367, 3 geht weiter als die obige Verordnung, indem er jeden mit Strafe bedroht, der ohne polizeiliche Erlaubniß Gifte und Arzneien, soweit der Handel mit denselben nicht freigegeben ist, zubereitet, feilhält, verkauft oder sonst an Andere überläßt.

Gesetz,

Maßregeln gegen die Rinderpest betreffend.[1])

Vom 7. April 1869. — (B.G.Bl. S. 105.)

Gesetz,

betreffend die Beseitigung von Ansteckungsstoffen bei Viehbeförderungen auf Eisenbahnen.[2])

Vom 25. Februar 1876. — (R.G.Bl. S. 163.)

§ 5. Im Eisenbahndienste beschäftigte Personen, welche die ihnen nach den auf Grund dieses Gesetzes erlassenen Bestimmungen vermöge ihrer dienstlichen Stellung oder eines ihnen ertheilten Auftrages obliegende Pflicht der Anordnung, Ausführung oder Ueberwachung einer Desinfection vernachlässigen, werden mit Geldstrafe bis zu 1000 Mark, und wenn in Folge dieser Vernachlässigung Vieh von einer Seuche ergriffen worden, mit Geldstrafe bis zu 3000 Mark oder Gefängniß bis zu einem Jahre bestraft, sofern nicht durch die Vorschriften des Strafgesetzbuches eine der Art oder dem Maaße nach schwerere Strafe angedroht ist.

---

[1]) Dieses Gesetz nebst der Instruction zu demselben (1869. S. 150) enthält keine speciellen Strafandrohungen, sondern soll nur den Behörden der Einzelstaaten eine allgemeine Anleitung zur Anordnung der erforderlichen Maßregeln geben. Die Strafen für Uebertretung dieser Anordnungen haben die Einzelstaaten zu bestimmen, soweit nicht, wegen wissentlicher Verletzung derselben, der § 328 des St.G.B. oder, bei einem allgemeinen Einfuhrverbot, der § 134 des Vereinszollgesetzes zur Anwendung kommt. — Das obige Gesetz, sowie die Instruction dazu sind seit 1871 Reichsgesetze.

[2]) Vergl. § 328 des St.G.B. sowie das Gesetz, Maßregeln gegen die Rinderpest betreffend (1869. April 7. — S. 105) und die Instruction zu diesem Gesetze (1869. S. 150).

Reichs-Militairgesetz.

Vom 2. Mai 1874. — (R. G. Bl. S. 45.)

§ 33. Wer die nach Maßgabe des § 31[1]) vorgeschriebenen Meldungen zur Berichtigung von Stammrollen unterläßt, sowie Militairpflichtige, welche in den von den Ersatzbehörden abzuhaltenden Terminen nicht pünktlich erscheinen, sind, sofern sie nicht dadurch zugleich eine härtere Strafe verwirkt haben, mit Geldstrafe bis zu 30 Mark oder Haft bis zu 3 Tagen zu bestrafen.

— — — — — — — — — — — — — — —

Ist die Versäumniß durch Umstände herbeigeführt, deren Beseitigung nicht in dem Willen des betreffenden Anmeldungs- oder Gestellungspflichtigen lag, so treten die vorerwähnten Folgen nicht ein.[2])

---

[1]) § 33: Die Gemeinden oder gleichartigen Verbände haben unter Controlle der Ersatzbehörden Stammrollen über alle Militairpflichtigen zu führen. Die Militairpflichtigen und deren Angehörige haben die Anmeldung zur Stammrolle nach Maßgabe der gegenwärtig bestehenden Vorschriften zu bewirken.

[2]) Die Bestimmungen der §§ 31 und 33 werden näher präcisirt in der Deutschen Wehr-Ordnung, Erster Theil (Ersatz-Ordnung) §§ 23 und 24. Der wesentliche Inhalt dieser beiden §§ ist der folgende (Centralblatt 1875 S. 546).

§ 23. Meldepflicht.

1. Nach Beginn der Militairpflicht haben die Wehrpflichtigen die Pflicht, sich zur Aufnahme in die Rekrutirungs-Stammrolle anzumelden (Meldepflicht).

2—3. Die Anmeldung erfolgt bei der Ortsbehörde desjenigen Ortes, an welchem der Militairpflichtige seinen dauernden Aufenthalt hat. — Hat er keinen dauernden Aufenthalt, so meldet er sich bei der Ortsbehörde seines Wohnsitzes, bzw. in seinem Geburtsort oder am Wohnsitz seiner Eltern.

5. Sind Militairpflichtige von dem Orte, an welchem sie sich nach Nr. 2 zur Stammrolle anzumelden haben, zeitig abwesend (auf der Reise begriffene Handlungsdiener, auf See befindliche Seeleute 2c.), so haben ihre Eltern, Vormünder, Lehr-, Brod-, oder Fabrikherren die Verpflichtung, sie zur Stammrolle anzumelden.

6. 7. Wiederholung der Anmeldung.

8. Militairpflichtige, welche ihren dauernden Wohnsitz verlegen, haben dies beim Abgange der Behörde ihres bisherigen Wohnsitzes anzuzeigen und sich innerhalb dreier Tage bei der Behörde ihres neuen Wohnsitzes zu melden.

9. Versäumung der Meldefristen entbindet nicht von der Meldepflicht.

Gesetz,
betreffend die Beschränkungen des Grundeigenthums in der Umgebung von Festungen.

Vom 21. December 1871. — (R. G. Bl. S. 459.)

§ 32. Grundbesitzer, welche ohne die gesetzlich erforderliche Genehmigung[1]) oder mit eigenmächtiger Abweichung von dem genehmigten Plan einer Anlage einen Neu- oder Wiederherstellungsbau ausführen oder ausführen lassen, werden mit einer Geldbuße bis zu 150 Mark bestraft. Eine gleiche Strafe trifft denjenigen, welcher als Baumeister oder Bauhandwerker die Ausführung geleitet hat. Soweit nach dem Urtheil der Kommandantur die Anlagen als unzulässig befunden werden, ist der Besitzer innerhalb der vom Kommandanten zu bestimmenden Frist zu deren Beseitigung verbunden; nöthigenfalls erfolgt letztere auf Antrag der Kommandantur durch die Polizeibehörde auf Kosten des Besitzers. Die Einlegung des Rekurses hemmt die Vollstreckung vorbehaltlich der Bestimmung in § 29.

Wer die in den §§ 21, 22 vorgeschriebene Anzeige unterläßt, wird mit einer Geldstrafe bis zu 15 Mark bestraft.[2])

---

10. Wer die vorgeschriebenen Meldungen zur Stammrolle oder zur Berichtigung derselben unterläßt, ist mit Geldstrafe bis zu 30 Mark oder mit Haft bis zu 3 Tagen zu bestrafen.

Ist diese Versäumniß durch Umstände herbeigeführt, deren Beseitigung nicht in dem Willen des Meldepflichtigen lag, so tritt keine Strafe ein.

§ 24. Gestellungspflicht.

7. Militairpflichtige, welche in den Terminen vor den Ersatz-Behörden nicht pünktlich erscheinen, sind, sofern sie nicht dadurch zugleich eine härtere Strafe verwirkt haben, mit Geldstrafe bis zu 30 Mark oder Haft bis zu 3 Tagen zu bestrafen.

— — — — — — — — — — — — — — — — — —

Ist die Versäumniß durch Umstände herbeigeführt, deren Beseitigung nicht in dem Willen der Gestellungspflichtigen lag, so treten die vorerwähnten Folgen nicht ein.

[1]) Nach den §§ 13—20, 26, 27 ist zu Anlagen und Bauten im Rayon einer Festung die Genehmigung der Kommandantur erforderlich. Das Gesuch um Genehmigung ist an die Ortsbehörde zu richten.

[2]) Nach §§ 21, 22 ist bei vorübergehenden Aenderungen der Terrainoberfläche im Rayon einer Festung (Lagerung von Baumaterialien 2c.), sowie bei der Reparatur vorhandener Bauten eine vorgängige Anzeige bei der Kommandantur erforderlich.

Sachregister.

(Die Zahlen bezeichnen die Seiten.)

A.

B.

Druck von Troitzsch & Ostertag in Berlin.

Handelsgesetzbuch.

Das allgemeine Deutsche Handelsgesetzbuch herausgegeben mit Kommentar in Anmerkungen von **H. Makower**, Rechtsanwalt und Notar. 6. Aufl. Lex.-8. 1875. 15 Mark, gebunden M. 16,25.

In die vorliegende sechste Auflage dieses Werkes sind alle bis in die Neuzeit ergangenen Urtheile des Reichs-Oberhandelsgerichts, welche zum besseren Verständniß des Handelsgesetzbuches dienen oder Controversen entscheiden, an den betreffenden Stellen nachgetragen, die neuere handelsrechtliche Literatur ist berücksichtigt und die seit Erscheinen der 5. Auflage ergangenen Reichs- und Landes-Gesetze, welche mit dem Handelsgesetzbuche in naher Beziehung stehen, sind aufgenommen. — Die gegenwärtige sechste Auflage enthält ferner das Preußische Einführungsgesetz vom 24. Juni 1861, das Hannöversche Einführungsgesetz vom 5. Oktober 1864, die Verordnung, betreffend die Einführung des H.G.B. in die Herzogthümer Holstein und Schleswig vom 5. Juli 1867, sowie das Einführungsgesetz für Elsaß-Lothringen vom 19. Juni 1872.

Personenstandsgesetz.

Das Reichsgesetz über die Beurkundung des Personenstandes und die Eheschließung vom 6. Februar 1875. Mit Kommentar in Anmerkungen, sowie sämmtlichen für das Reich und die einzelnen Bundesstaaten ergangenen Ausführungsbestimmungen. Herausgegeben von Dr. **P. Hinschius**, ord. Professor der Rechte an der Universität Berlin, Mitglied des Reichstags. 1876. Zweite, vermehrte Auflage. 500 Seiten. Cartonnirt 7 Mark.

Die Bearbeitung beschränkt sich nicht auf das Gebiet des Preuß. Landrechtes, sondern es sind, um möglichste Vollständigkeit zu bieten, die Gesetzgebungen der anderen Preuß. Provinzen und Deutschen Staaten zur Erläuterung herangezogen worden. Der Verfasser hat bei Abfassung des Gesetzes in allen Stadien seiner Entstehung mitgewirkt, sowohl im Reichstage als Mitglied desselben, als auch im Justiz-Ausschusse des Bundesrathes, von dem er als Autorität auf dem Gebiete des Kirchenrechts bei der Berathung zugezogen wurde. Seine innige Vertrautheit mit dem Gesetze hat den Kommentar gleich werthvoll für Juristen sowie für Standesbeamte gemacht. Die vorliegende zweite Auflage enthält u. a. sämmtliche Landes-Einführungsgesetze.

Haftpflichtgesetz.

Die Haftpflicht der Eisenbahnen, Bergwerke **rc.** für die bei deren Betriebe herbeigeführten Tödtungen und Körperverletzungen. Erläuterungen des Reichsgesetzes vom 7. Juni 1871 von Dr. **W. Endemann**, ord. Professor an der Universität Bonn. gr. 8. 2. Aufl. 1876. 2 Mark.

Gleich nach Emanation des Gesetzes stellte sich der Verf. der obigen Schrift die Aufgabe, die sichere, praktische Anwendung des neuen Rechts durch ausführliche Kommentirung zu fördern. Daß ihm dies durch eine sinnvolle Interpretationsmethode, durch die ausreichende Verwerthung der bezüglichen Gesetzesmaterialien gelungen ist, hat die Fach-Kritik der ersten Auflage des Buches bereits anerkennend zugestanden. Bei ungeänderter Tendenz hat die zweite Auflage der ersten gegenüber ihre vorzugsweise Bereicherung einerseits durch die umfassende Würdigung der neuesten einschlägigen Literatur, sowie andererseits dadurch erfahren, daß die Judicatur der deutschen Gerichtshöfe, namentlich die Rechtsprechung des Reichs-Oberhandelsgerichts die eingehendste Berücksichtigung fand.

Preßgesetz.

Das Reichsgesetz über die Presse vom 7. Mai 1874. Mit Einleitung und Kommentar von Dr. **H. Marquardsen**, ord. Professor der Rechte in Erlangen, Mitglied des Reichstags. Oktav. 1875. Cartonnirt 5 Mark.

Der Herausgeber des vorstehenden Kommentars hat als Referent der vom Reichstage zur Berathung des Entwurfes eingesetzten Kommission Gelegenheit gehabt, an der Ausarbeitung des Gesetzes besonderen Antheil zu nehmen, aber auch schon früher hat sich derselbe auf dem Gebiete der Preßgesetzgebung vortheilhaft bekannt gemacht. Sein Werk zeichnet sich ebenso durch Gründlichkeit und Klarheit, wie durch Scharfsinn und Strenge der Erörterung vor allen bisher erschienenen Schriften über denselben Gegenstand auf das Vortheilhafteste aus.

Genossenschaftsgesetze.

Die Genossenschaftsgesetze im Deutschen Reiche. Mit Einleitung und Erläuterungen von **L. Parisius**, Reichstags- und Landtags-Abgeordneten. 1876. 10 Mark.

Das vorliegende Werk enthält nicht blos eine unter gewissenhafter Berücksichtigung der neueren Literatur über die wirthschaftliche und juristische Seite der Genossenschaften erfolgte Umarbeitung der von dem Verfasser zu dem Preußischen und zu dem aus diesem hervorgegangenen Deutschen Genossenschaftsgesetze (vom 4. Juli 1868) veröffentlichten Kommentare, sondern auch eine Sammlung sämmtlicher in den einzelnen Deutschen Staaten erlassenen, von dem Verf. auch kritisch beleuchteten Einführungs-Gesetze und Verordnungen, sowie einen Abdruck des Oesterr. Genossenschaftsgesetzes vom 9. April 1873. — Das Werk bietet somit den vollständigsten Apparat zur Handhabung des Genossenschaftsrechtes.

Rechtshülfegesetz.

Die Rechtshülfe im Norddeutschen Bunde. Erläuterungen des Bundes- (jetzt Reichs-) Gesetzes vom 21. Juni 1869, herausgegeben von Dr. **W. Endemann**, ord. Professor und Ober-Appellationsgerichtsrath zu Jena. gr. 8. 2 Mark.

Patentgesetzgebung.

Die Patentgesetzgebung aller Länder nebst den Gesetzen über Musterschutz und Markenschutz. Systematisch und vergleichend dargestellt von Dr. **R. Klostermann**, Geh. Bergrath und Professor der Rechte. Mit einem Anhang: Die **Reichsgesetze** über das **Urheberrecht** an **Mustern** und **Modellen** vom 11. Januar 1876 und über den **Markenschutz** vom 30. Nov. 1874. Zweite umgearbeitete Auflage. 1876. 10 M

Stempelgesetzgebung.

Die Preußische Stempelgesetzgebung für die alten und neuen Landestheile. Kommentar für den praktischen Gebrauch von **Hoyer**, Reg.-Rath und Provinzial-Stempelfiskal. Zweite, umgearbeitete Auflage. 1875 15 Mark.

Expropriationsrecht.

Das Gesetz über die Enteignung von Grundeigenthum vom 11. Juni 1874. Aus den Materialien und der Rechtslehre erläutert von **A. Dalcke**, Ober-Staatsanwalt. Oktav. 1874. Cartonnirt M. 2,40.

FSC
www.fsc.org
MIX
Papier | Fördert gute Waldnutzung
FSC® C083411

Kolibri 360 GmbH
Ferdinand-Jühlke-Straße 7
99095 Erfurt, Deutschland
produktsicherheit@kolibri360.de